歴史文化ライブラリー

186

古建築修復に生きる

屋根職人の世界

原田多加司

吉川弘文館

目次

伝統技術に生きる――プロローグ

文化財の修復

社寺などの古建築が、文化財建造物として保存修理されるようになったのは、「古社寺保存法」が帝国議会を通過した翌年にあたる明治三〇年（一八九七）からである。以降、歴史遺産の保存修復は、戦争などいくたびかの危機を乗り越えて、今日にまで続いてきた。

おそらく、明治の少壮《しょうそう》な先覚者たちは、こうした保存修復が今日のような全国的規模で継続される事業になろうとは、考えていなかったに違いない。また、国宝や重要文化財といった指定建造物が、何千棟といった数になることは、予想だにしていなかっただろう。

私たちの仕事の舞台となる国の重要文化財建造物（国宝を含む）は約三八〇〇棟。日本全国では年間百数十棟の文化財修理が行われている。こうした古建築修復のサイクルは、地震や台風、火災などの突発的なケースを除くと、普通は数十年でやってくる。これが「維持修理」といわれる普通の周期であり、屋根の葺替《ふきかえ》が主で、木部の部分修理や左官工事、塗装替えなどをともなうこともある。

本格的な修復は「根本修理」といわれ、およそ二〇〇～三〇〇年ごとに巡ってくる。古建築の保存状態によって、木部の軸組はそのままに、小屋組《こやぐみ》までを解体する「半解体修理」と、解剖手術のように建物をいったんバラバラに解いて、患部を丹念に調査し、補修しつつ再度組み立てていく「解体修理」に分けることができる。

いずれの場合も、私たち檜皮葺師《ひわだぶきし》・柿葺師《こけらぶきし》は修理に立ち合うことになる。建物の構造上からも、屋根替えはもちろん、根本修理をする際も屋根は最初に解体される運命にあるからだ。このように考えると、古建築とそれを修復する職人は、どちらがなくなっても立ち行かない、永遠に一対のものであるといえよう。

そもそも檜皮葺や柿葺は、わが国の気候風土によく調和した植物性の材料を使った固有の屋根葺工法である。主として社寺建築などに用いられて、柔らかな曲線を作り出し、歴史的建造物の美しさを形成する重要な役割を果たしてきた。

耐久力に優《まさ》る檜皮葺は、檜《ひのき》の樹皮を葺材に用いて重厚で曲線の多い社殿・仏堂など神仏の館《やかた》に、また、杉や椹《さわら》の割板《わりいた》を材料に用いる柿葺は、開放的な軽快さを持ち、修理も簡便なことから、書院・茶室などの人の出入りのある建物に多く用いられてきた。

古社寺などをよく見ると、屋根の葺き方、木の組み方、石の積み方のひとつひとつが、これらの建築の美しさと同時に強さになっていることに気がつくはずである。逆の見方をすれば、これらの建物の力強さと美しさは、その構造と一体となって表現されてきたといってもいいほどである。

「建築学」以前

わが国の歴史的建造物の多くは木造建築であり、大工職人の長い経験と技術の厚い蓄積によって造られてきた。近代的システムとしての「建築学」や「建築史学」ができたのは近代以降の一〇〇年ほどのことであり、名建築といわれる多くの建物も、考えてみれば「建築学」以前の産物である。昨今では学者や設計監理の技術者、建築家などのもとで大工職人が施工する例も多いが、本来なら工匠《こうしょう》がまず建物を造り、研究者はあとでそれを調査検討するというのが順当であったはずだ。

一三〇〇年ともいわれる檜皮葺や杮葺の歴史の中で収斂《しゅうれん》されてきた技術は、それ自体が芸術といっていいような高度な精神性を備えたものになってきた。職人は寡黙《かもく》であり、その伝承にも言葉や数字に頼らず、自分の経験に基づいて染《し》み込ませた記憶や勘《かん》を頼りに、親方から弟子へ、先輩から後輩へ、父から子へと、口伝《くでん》で力業《ちからわざ》の技術が伝えられてきた。

修復の現場においても、工程や技術面のことは、事前に設計監理の技術者や大工・左官・鳶《とび》職などの諸職と打ち合わせはするものの、仕事の出来不出来は自分がその建物をどのように捉《とら》えるかにかかっている。当然、それぞれの職人の資質、伎倆《ぎりよう》、感性に負う部分が大きかった。

そして結果がすべてと言い切るには、それなりの覚悟もいる。現場作業にともなう苦心は一切口にせず、それでいて責任は他人や弟子たちの部分も、これを一身に引き受けて弁解しないという覚悟である。

もとより、実際に毎日地べたを這《は》いずり回るようにしている身だから、理念も方法論も必要ないということではない。ただ、プロの職人は自分の方法論を説くために仕事をしているのでもなければ、理想に燃えて「良い修復」をするためだけに修業をしているのでもない。あえていえば、生きるために否応《いやおう》なく技《わざ》を身につけ、家族を養うために生業《なりわい》としてきただけである。

一方、今の時代は技の熟練ということが軽視、いや無視されているといっていい。あらゆる分野にコンピューターが導入され、人間はその経験とともに脇に追いやられてしまった。中高年の蓄えてきた技術などすぐに陳腐化《ちんぷか》し、現代の技術革命にはとてもついていけない——というのがその理由のようだ。

温故知新《おんこちしん》という言葉はあっても、過去を遅れたものや劣ったものとしか考えない時代が長く続いたため、経験に学んでそれを積み重ねると知識の体系ができ、知恵の泉を作るということすら忘れてしまったのではないか。どうやら昨今のリストラの論理は、年齢を重ねることに対する畏敬《いけい》までも毟《むし》り取ってしまったようである。

その点、職人という仕事は自分の腕が一種の社会保険のようなもので、歳をとっても腕が上がればますます尊敬される。職人社会はそういった「まじめに経験を積み上げれば、今日より明日がよくなる」という単純かつ明解な「積み重ねの効用」が、まだ機能している分野でもある。

その意味でこの本は、古典的な屋根職人である私たちの、読者の皆さんに対するささやかな日々の暮らしのおすそわけであり、寡黙《かもく》でつましく生きる職人の生活の断面といったものも書いたつもりである。

職人という生き方

私たちのような仕事をしていると、一年の半分以上は「旅の空」なということも多い。時には三月に九州で仕事、四月に静岡、五月には仙台近くと、まるで桜前線に乗っかって北上するような年もあれば、時期が少しずれたり、逆コースだと、行けども行けども固い蕾や葉桜ばかりということもある。

宿泊先も、民宿や公共の宿、ビジネスホテルといったところから、施主の関係先に寄宿したりとさまざまである。少し長期にわたる場合は、現場近くにアパートを借りて自炊することもある。二、三日といった短い修復工事の場合だと、駅前の昔ながらの商人宿に泊りを乞《こ》うて、一日の仕事が終われば近くの縄のれんで一杯引っかけて寝てしまう。

今の若い職人は時間外のつきあいが嫌だという者もいるから、四六時中べったりというのは考えものではあるが、ここは一言言っておいたほうがいいというときは、人のいないところ、すなわち時間外にでもきちっと言い、皆の前では何事もなかったかのように振舞うことも意外に効果があり、大切だと思う。

おおよそ若い職人は、仕事がうまくいけば自分の努力の結果だと考え、うまくいかなければ他のことに責任を転嫁してしまう。これでは万事うまくいくはずがない。「ああ、職人への選択は失敗ではなかったか……」と思ったときの、あのひんやりとした感じは、自分がすべてを被らなくてはならない。

その意味で、弟子は教える者の鏡でもある。自分のようになってほしいとも思うし、なんとか自分と違った工匠になってほしいとも考える。すべては自分の方に跳ね返ってくるのである。最後は今さらどうしようもないので、弟子のほうで自分を反面教師として考えてくれればいいと、居直りたい心境にもなる。

どのように時代が変わろうとも、本当に人間にとって必要なことはそんなに変わることはない。新しいことを追い求めるだけでなく、自分の心の声に耳を傾けて、本当に大事なことを次の世代に手渡していくのが、私たち職人の役目である。

「神は細部に宿り賜《たま》う」というが、社会的にも経済的にも権力や地位といったものと無縁の職人たちは、それぞれが人間としてよりよく生きるための拠《よ》り所《どころ》として腕を磨いてきたはずだ。

現代社会の風潮や嗜好《しこう》を「時流」というのなら、あえてそれらには倚《よ》りかからない生き方があることも、知ってもらいたいと思っている。

伝統技術という「方舟《はこぶね》」

屋根はいかにして作られてきたか

雨露を凌ぐ

「原田君、雨仕舞《あまじまい》はこれでいいかな」――昨今は大学の先生がたなどから、コンピューター・グラフィックス（ＣＧ）による古代住居の復元図を示されて、意見を求められることも多くなってきた。ＣＧがクオリティの高い映像になってきたことは、大いに結構なことだと思う。

こう言っては悪いが、以前は酷《ひど》いものだった。遺跡などから見つかった建物址をもとに、上屋《うわや》の形態を想定してＣＧ化する作業は、一九九〇年代初めから盛んに用いられるようになった手法である。

やはり視覚に訴えたほうが理解しやすいし、新たな発見の報道発表の場などでは、ＣＧによる復元図はビジュアル的な観点からも、マスコミ受けしたからだ。

もちろん建物の配置やその規模は出土した柱穴などから推定できたし、考古学や建築史の専門家がCGを監修することで、基本的な構図は描くことができた。問題となったのは屋根部分である。

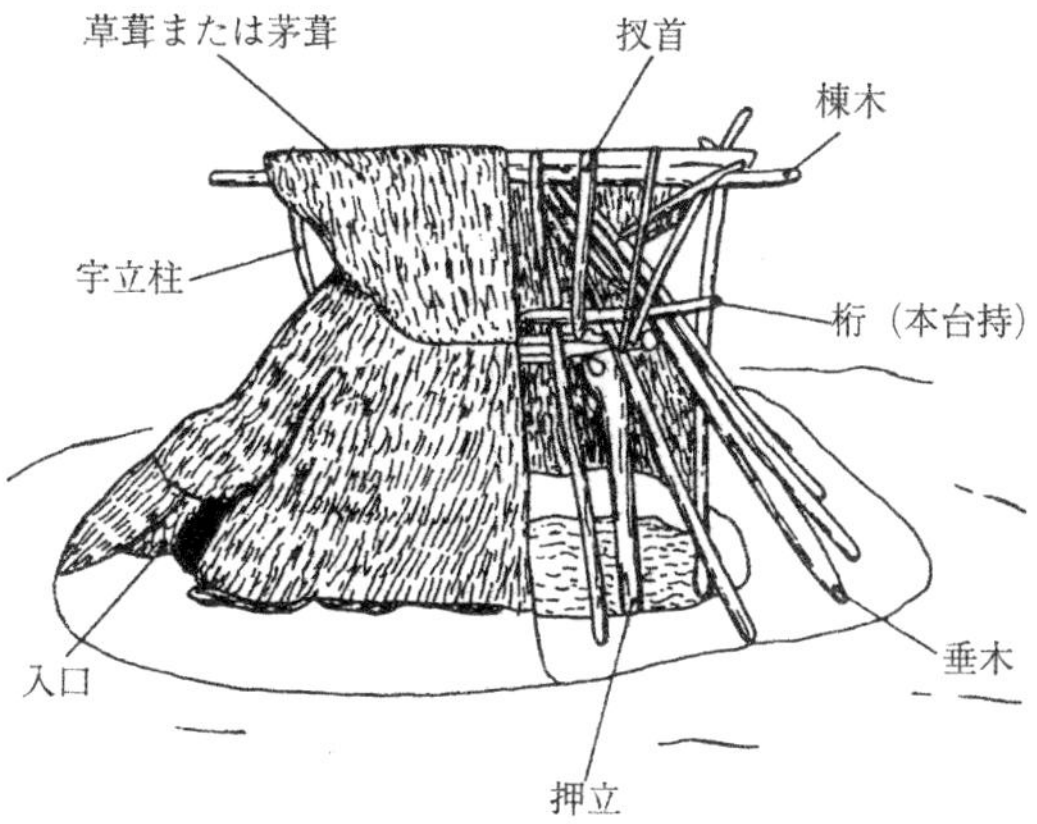

図1　竪穴住居

たとえば、弥生時代における竪穴住居の平面は、円形・楕円形から隅円方形を経て、方形に移り変わっていったことはわりと知られているが、これも屋根形式や材料、また屋根構造そのものに改良が加えられた結果とみることができる（図1）。

焼失住居址の垂木《たるき》配列状況によれば、弥生時代中期には放射状に密に配列され、地上面の垂木尻間隔で一尺（約三〇㌢）以下の例が多い。つまり垂木を密に配ろうとすると、棟際《むねぎわ》では茅《かや》などの植物性屋根材を括《くく》りつけるのが難しくなるのである。おそらくこの部分には樹皮や割板《わりいた》などを下地として使ったと考えられる。

さらに屋根面が平坦になる弥生時代後期から末期にかけては、垂木の間隔を疎《そ》にして屋根木舞《こまい》を配ることで草葺《くさぶき》などを可能とした。

このように現在までの研究の蓄積や、現存していない建物の屋根部分についても、おおよその規模や様式を復元的に研究する方法を獲得し、さらに考古学的発掘の残存部分から具体的な復元方法も考えられてきた。

ただ、惜しむらくは研究者と実践者との視点はちょっと違う。

「この納《おさ》め方で雨がとれるのか……」とか、「このような雨仕舞は物理的に無理だ」と思われる復元図の時期が続いた。屋根職人は学問的に難しいことはわかりかねるが、長年の経験によって「これでは雨漏りがするのではないか」ということは直感的にわかるのである。温暖多湿なモンスーン気候下にあるこの国においては「雨露《あめつゆ》を凌《しの》ぐ」ことが屋根の最大の役目であった。

屋根の誕生

ところで、この屋根には太古からさまざまなかたちが見られ、それらは自然との交わりや社会的な要請などによって変化を遂げてきた。

この建物の頂部《ちょうぶ》を覆う構造物が現れたのは、人類が最初に自らの手で棲《す》み家を作った時にはじまる。それまでは岩陰や木のウロの中、洞穴など自然の覆《おお》いを巧みに利用した住居か、段丘や丘陵上の平坦地に小枝を環状に配って、地面に浅く突き刺した小ピット状のものが考えられた。

草、すすき、葦《よし》、その他木の皮など、山野に自生している植物で、容易に手に入るものの中から葺材を選択して、屋根造りの作業が営まれたと想像できる。その時から屋根のかたちは、気象条件や材料の確保など多くの制約を受けながらも、新たな工法の開発や生活様式の移り変わりとともに、多くの変遷を経て改良されてきたと思われる。したがって修理といっても簡単なもので、縄文期以前には自宅はその住人が葺き替えていたようだ。

このようにわが国の建造物の歴史が、縄文の竪穴住居にはじまるとしたら、その最初のかたちを決定していたのは、屋根だけだったといっていいだろう。いや、ひょっとすると、その閉鎖的な形態から見て、むしろ大きく傾斜した壁が、その頂部で交わっているともとれる。

いずれにしろ屋根は建物の外観そのものであり、内部の居住空間を確保するための覆いの役目を果たしていた。出入口や煙抜きなども、屋根に穴を開けるかたちで作られていた。

縄文時代の早期末にあたる約六〇〇〇年前には、年間平均気温が現在より数度くらい高かったと言われるが、その後、数回の小規模な寒冷期をはさんで、以降、徐々に気温は下降しつつ現在に至っている。このような気温の変化が、植物の分布や成長に大きな変化を与え、それにつれて人々の生活圏や文化圏にも盛衰や移動がみられるようになった。

竪穴住居の棟数や規模は寒冷期に落ち込んだり縮小した反面、温暖期には床面を掘り下げて屋内空間を広くするなど、人々の営みも活発化していった。こうして、ここ数万年の気候の変化は、人々の営みから動植物の生育、さらにはそのベースとなる弧状列島の形成にまで大きな影響を与えていった。

大陸文化の吸収

次に屋根構造が大きく発展したのは飛鳥時代のことである。仏教が中国から朝鮮半島に伝わったのが、四世紀後半から五世紀中葉《ちゅうよう》といわれているが、日本に伝来したのは六世紀に入ってからである。仏教は寺院や宮殿の建築に大陸の高度な技術を取り入れ、東アジアの大勢だった中央集権的律令国家建設に向けての大いなる原動力ともなった。

飛鳥時代の屋根の造形の特徴は、極めて合理的で組織的だったことにある。そもそも律令国家そのものが、あらゆる面での全国規模の組織的統一をめざすものであったように、都城の条坊《じょうぼう》制や全国規模の条里制、宮殿内の論理的な区画や、理論仏教にふさわしい寺院の伽藍《がらん》計画が立てられた。

この時期の左右対称で、荘重かつ均整《きんせい》のとれたファサードは、意匠と構造が分離しておらず、直截《ちょくせつ》にすべてが処理されていた。

大陸からの建築技術の「土着化」も早く、七世紀後半には中国から直輸入された技術が普及した。中国は南北朝から隋唐《ずいとう》時代に変わり、わが国でも相次ぐ遷都《せんと》や政権内の主導権争いに加えて、為政者たちの移り気も手伝って、建築そのものにも目まぐるしい推移がみられた時代だった。

檜皮葺《ひわだぶき》でいうならば、屋根の平葺《ひらぶき》部分にはおそらく竹釘《たけくぎ》は使われてはおらず、主に押縁《おしぶち》で檜皮を押え、それを木舞《こまい》に固定していたと考えられる。その際も貴重だった鉄釘より、檜皮を剝《む》く際などに「甘肌《あまはだ》」と呼ばれる形成層を取っておいて、それをほぐして縄状にしたものを使用したのではないかと思われる。これは近代以降には槇皮《まいはだ》（槇縄《まきなわ》）と呼ばれ、木造船の船材間の隙間を埋めるために使われて、水を含むと膨張しやすい性質が重宝されたものだ。

垂木と木舞も当然、藁縄《わらなわ》や苧縄《からむしなわ》を使った縄くくりである。平葺の厚みも薄く、檜皮そのものの使用量も中世以降と比べれば、三分の一程度だったと思われる。また軒付部分も現代の杉皮葺のように軒先の厚みのない薄っぺらなものであったはずだ。

また、同じ時代に同じ技術を使っても、寺院と宮殿と住宅では、まったく違ったものになってくる。それでも造作《ぞうさく》、意匠と屋根を取り巻く多くの事象を丁寧《ていねい》に解きほぐしていくことによって、わが国の屋根造形の淵源《えんげん》がどのあたりにあったのかが、おのずと見えてくるように思われる。

このように、日本の建築物の屋根について考えていくと、それが単なる建築の一部をなすだけのものではないことがわかる。屋根はその時代の建築水準を、屋根の納め方という誰にでも見えるかたちで、的確に反映したものであった。その意味で屋根の造形は、その時代の建築についての考え方を集約的に表現していた。

檜皮葺と柿葺の文化

技術と文化

明治八年（一八七五）に刊行された福沢諭吉の『文明論之概略』は、古今東西の文明発達の事例をもとに個人や国家の独立を説いているが、その一節に「概して云えば日本国の歴史はなくして日本政府の歴史あるのみ、学者の不注意にして国の一大欠典《（ママ）》と云う可し」という有名な言葉がある。

もちろんこれは、単に政治・経済史偏重に対する文明史家の抗議というだけではなく、福沢の考えていた文化の基礎に立った歴史への渇望というべきものであった。

ところで、文化財とはよく言ったもので、建築も大きくは技術的側面と文化的側面の両方から成り立っている。そして、その背景には人や自然、歴史性やデザイン、生産力といった広範な視点や思考を必要としている。

建築をそれの立っている土地との関連で考えると、場所とはその土地の文化が蓄積する器《うつわ》であり、建物はそのひとつの現れに過ぎないともいえるのだ。

歴史と文化によって育まれた建築は、森林などの自然遺産と同じように、歴史遺産として考えられるべきものであり、後世に伝えることによって文化的に豊かな環境を創り出す原点の役目も負っている。

檜皮葺《ひわだぶき》や柿葺《こけらぶき》についてもその歴史は古く、原形ができたのは弥生時代にまで遡《さかのぼ》るものと考えられているが、本格的に用いられたのは六世紀の仏教伝来以降である。先にも少し述べたように、檜皮葺は檜《ひのき》の樹皮を剥《は》ぎとり、用途に応じて切り揃えて整形したものを、竹釘《たけくぎ》で留めつつ葺《ふ》き上げていく屋根葺工法である。柿葺は素性のよい形や椹《さわら》、栗などの原木を三〇チセン程度に輪切りにし、それを特殊な包丁などを使って割ったものを、葺材として使用する。

その技法と材質は、他の国に例を見ない温暖多湿な日本の気候風土によく調和しているだけでなく、植物性材料であるがゆえに寿命が短いことも、材料の美しさを喜び、清浄さを尊ぶ文化の中で受け入れられてきた。

檜皮葺は主として社寺建築に用いられてきたが、これをさらに分類すると、神社建築では多く寺院建築では少なくなっている。寺院建築では、伽藍《がらん》の主要をなす建造物には瓦《かわら》葺《ぶき》が多く、檜皮葺は付属する僧房などに用いられることが多かった。つまり、お寺の屋根は何といっても甍《いらか》（屋根瓦）によってその堂塔が象徴されているのであって、瓦は仏教文化とともに、檜皮は神道文化とともに栄えてきたのである。

また、瓦を焼く良質の土があり、かつ有能な瓦師や葺師がいた地方には瓦葺が栄え、檜皮の入手しやすい檜山《ひのきやま》や、杮葺の素材となる良質の杉材などの多い地方では、檜皮葺や杮葺が栄えたともいえる。昔から多くの歴史的建造物をかかえている社寺は、屋根材料の自給自足の体制が整っている所が多く、檜山や鎮守《ちんじゅ》の森のようなかたちで豊富な山林を持っていた。

もちろん、平安時代以降に貴族の館が立ち並んだ京都の町のように、政治の力やお金の力で材料や職人を自由に集められた土地は例外である。

森からの贈り物

日本は昔から緑豊かな森の国だった。暖流の日本海流と寒流の千島海流に囲まれた南北に長いこの弧状列島は、その中央部を山岳地帯が占め、温暖なモンスーン気候は列島各地に豊かな植生を育んできた。

わが国の森林帯は、北海道の亜寒帯林から温帯林・暖帯林を経て、沖縄や南西諸島の亜熱帯林まで、水平方向のみならず垂直方向にも多用な森を創成してきた（図2）。

このような多くの幸福な条件は、有史以来、住居など建築物をはじめ、木工品などに優

図2　檜の大径木

れた「木の文化」を育ててきた。創建一四〇〇年になる法隆寺では柱などでも樹齢が一〇〇〇年以上、胸高《むなだか》（地上から一・二メートル）直径が二・五メートル以上の檜の巨木を、真ん中から四つ割りの芯去《しんさ》りにして贅沢《ぜいたく》に使っている。しかもその年輪は、一尺（約三〇センチ）くらいの間に二〇〇本以上の目が詰った秀材であり、まさに森の国からの贈り物だった。

ところが、昨今はこの話題をするのは少々気が重い。仕事柄《がら》、檜皮などを採取するため、年のうち二〜三ヵ月は森の中で仕事をしているが、特にここ一〇年ほどは出かけるたびに、里山の荒廃や乱伐を目にすることも多くなってきた。

収益の悪化や人手不足といった話題が、林業関係者の間での挨拶《あいさつ》がわりとなってから四半世紀近くが経つ。特に戦後、人工造林が進められた地域などでは手入れ不足のため、低木や下草がまったく生育できないくらいに、森の中が真っ暗になった光景を多く見かける。

現代の人工林は樹齢三〇年以下の若齢林《じゃくれいりん》が多く、間伐《かんばつ》を要する民有林だけでも一五〇万ヘクタルにのぼるといわれる。近年は外材などの輸入増もあって、国内材の間伐面積は一九九〇年代後半には年間二〇万ヘクタル前後で推移し、このペースは必要とされる間伐容積約四〇〇万立方メートルの半分以下という有り様である。

　すなわち半分以上の木は間伐されないか、伐《き》っても採算割れのために森の中に放置されている。木の種類や樹齢にもよるが、一本三〇〇〜二〇〇〇円程度の市場価格では、伐採するのが精一杯で、とても搬出費用などの経費は出ないのが現状である。

　二〇〇〇年度からはじまった国の「緊急間伐五ヵ年対策」は、人工林から優良材を育てつつ、同時に土壌流出や山崩れ、河川汚濁などを防ぐことにあったが、これも国産材の需要減―木材価格の下落―山村整備の遅れや放置、という流れの最後の部分を押し止めるに過ぎず、根底にある林業不振にメスを入れるには、なおほど遠い。

　また、間伐の遅れは意外なところにも影響を及ぼしている。花粉症の増大や、獣害対策がそれである。檜や杉の間伐放置は花粉の飛散拡大を招き、今や花粉症の原皮師《もとかわし》（檜皮採取者）までが現れる始末で、これでは仕事にならない。また、樹木の密生でイノシシなどの食料となる中低木が育たないため、動物が低地に下りてきて田畑や生ゴミ置場を荒らすという悪循環も続いている。獣害対策に年間数千万円単位の支出を強いられている自治体もザラである。

私のように木を伐らずして、森の恩恵を受けている立場からすると、森は合理的な因果関係のみに生きているのではないと感ずることも多い。森は与えられた条件をすべて受け入れ、その下で精一杯、森であろうとしている。

森は多くの生き物が集う、ひとつの宇宙でもある。もしかすると、私たちはこの悠久の森を人間の「合理性」のみで台無しにしようとしているのかも知れない。現代人がなくそうとしているのは、自然に対する畏怖《いふ》の念ではなかろうか。それを失いかけた時、人間が森を合理的に利用しようという時代がはじまった。

檜皮葺・柿葺の成立

檜皮の原材料となる檜《ひのき》が天然に分布している地域はかなり広く、北は福島県から南は鹿児島県屋久島にまでわたっている。地方別では中部、近畿、四国が主産地で、一一世紀には早くも高野山で植林をした記録がある。

檜は成長が遅いので原始の天然林などは、ほとんど伐り尽くされてしまった。現在残されているものの多くは、先人たちが大木の抜き伐りをしながら、その下に若木を育ててきた森である。それは血の滲《にじ》むような努力の結晶と言ってもいい。

そして、この檜皮を剝《は》ぐ作業というのが、筆者の経験からいってもかなり重労働なのである。二抱えもある檜の大木に登り、甘肌《あまはだ》と呼ばれる木部に密着している形成層を傷つけないように、細心の注意を払いながらカナメモチ（バラ科の常緑喬木）で作った手製のへ

図3　檜皮剥きの作業

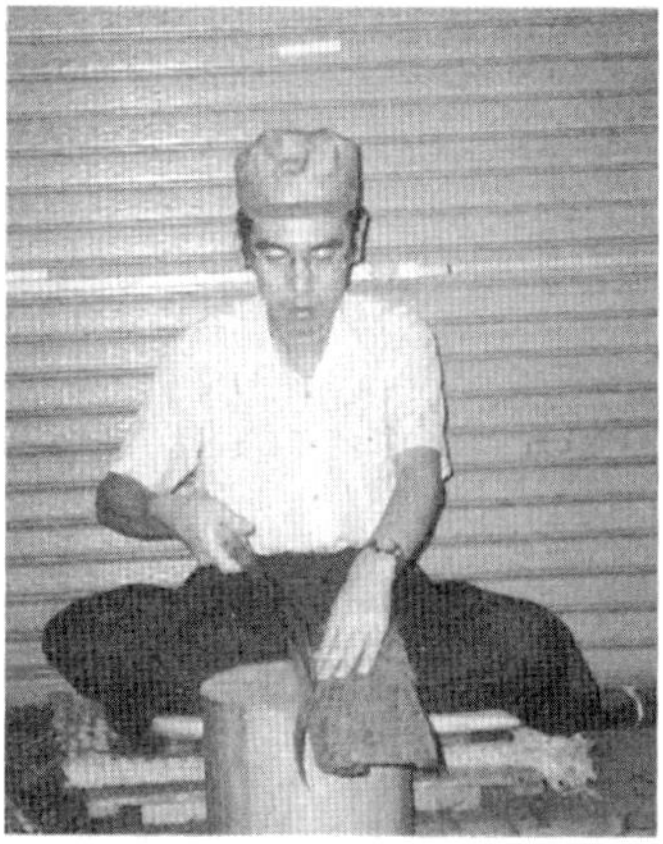

図4　檜皮揃えの作業（著者）

ラを差し入れて、檜皮を立木から剥ぎとる（図3）。

生木に対して少々残酷なようだが、枝打ちなどと同様、木に対しては何ら影響はない。ほどよく表皮を剥がされた檜は、さすがに木の王様で、素早く木を守るために精一杯の努力で新しい表皮を作り出す。かくして毎年厚みを増した檜皮は、一〇年も経つと約二ミリ程度の厚さとなり、最適の葺材として再び採取可能となる。この頃の一級品を私たちは「黒背皮《くろせがわ》」と呼んでいる。

こうして採取した檜皮は、時間をかけて区分精選する作業（図4）を経て、用途に応じて長さや幅、厚みなどを均一にしたものだけが、屋根材として使われる。

一方、柿葺については、原材料となる木は枝が高く、素直に伸びていることが要求される。原木を輪切りにしたものに節《ふし》が入り込んだり、木の目が曲がっていては割ることができず、柿板《こけらいた》の材料としては不適格である。

椹《さわら》や杉の原木を三〇センチ程度に輪切りにしたものを、大割り包丁で白太《しらた》（辺材）を割り剥いだ後、心材の芯《しん》に大割り包丁をかけて、原木の大きさにより六つ割りないしは八つ割りの、いわゆる「ミカン割り」にする。次いで「木取《きど》り」を行うが、これは寸法定木《すんぽうじょうぎ》によって四枚分掛け、八枚分掛けと公約数で割り裂いていく（図5）。

昔も今も変わらない原始的な方法で、木の目に沿って割られる柿板は、木の目を切らないことが耐久力を維持するうえでの要件である。屋根に葺かれた場合、一枚一枚の間に空気の層ができ、板と板の間が浸透圧によって水を吸い上げることなく、雨水が速やかに流れて柿板に染み込まないので、乾燥も早い。

柿葺の耐久力は檜皮葺の三五年より少々劣って二五年が限度である。主に書院、客殿、高級武家屋敷、数寄屋造などに貴族趣味的に用いられたが、これも今後は指定文化財のような現状変更を許されない建物にのみ許されていく屋根葺工法のひとつであろう。

日本建築では、建物の軸組《じくぐみ》とその調和が大切で、それぞれの時代の棟梁《とうりょう》の意思で建物は造られた。あるものは豪壮であったり繊細であったり、また優美であったり簡素であったりする。

檜皮葺師や柿葺師は、建物の構造や特徴を充分考慮したうえで、その建物に釣り合った手法を用いることが要求される。檜皮や柿での屋根葺は、瓦や最近の新建材とは違って、一枚一枚の姿かたちが微妙に違う材料を、順序よく丹念に葺き上げなければならない。しかも、雨水が漏らないという防水だけの目的でなく、屋根にまろやかな曲線を描き出すという芸術性も必要である（図6）。

図5　柿板割の作業

図6　檜皮葺の作業

また、社会性という観点からみると、装飾性、あるいは権威性とか象徴性といった側面が大きな意味を持つ。時代によっては野趣《やしゅ》や侘《わ》び寂《さび》といった日本人好みの地味で素朴なものが評価され、屋根も素材美を生かした造形が持てはやされたこともあった。

その結果、現在の檜皮葺や柿葺の文化には、歴史性、実用性、地域性といった属性が複合して存在し続けてきたのである。

徒弟制とは何だったのか

仲間制と徒弟制

近世の「職人」という身分は、士農工商の区別では工に属するが、兵農分離を基本とする社会では、士以外の農工商には一部の大商人などを除けば決定的な違いはなかった。「古《いにしえ》より士農工商として農は士の次たるものとこそ申候《もうしそうろう》」（藤田幽谷『勧農或問《かんのうわくもん》』寛政一一年（一七九九））とあるように、農を序列上位に据える思想はあったが、これも「古」という言葉が現状批判のための理想論として、儒者の頭の中に作り出されたもののひとつだったからだ。

建て前としての身分とは不思議なもので、もちろん例外はあるものの、原則としてそこから抜けることはできなかった。この建て前は封建社会の基本構造に根差しており、これが公然と破られれば、「仁政」の担い手としての武士の職能を正当化するのさえ、おぼつかなくなる。

江戸時代の職人たちは、中世のように公家や寺社の従者や隷属民だった立場から大きく変わり、従属的な「座」は自分たちの組織へ作りかえられていった。時には各地を遍歴したり、また惣村《そうそん》の内部に小さな集団を作って、少しずつ自治できる力を貯えていったようだ。

さらに、世の中が安定してくると、都市では住宅や社寺などの需要が増えたため、職人以外に近隣の農村から「作間《さくま》（農閑期）稼ぎ」に流入する者も増加した。

近世の村明細帳《むらめいさいちょう》などを見ると、寺院、本百姓《ほんびゃくしょう》、水呑《みずのみ》といった分類のほかに、作間に大工・職人をしているとか、桶《おけ》や箕《み》を作っていると記されている例があるが、これらも実質的には各種の職人として生計を立てており、届けのみ「作間稼ぎ」とするのが大半だった。

徒弟《とてい》制という制度は、このころにできたという説があるが、これも「仲間」の組織化に影響されて登場したようだ。江戸時代の徒弟制は仲間の性格のひとつであり、雇用による後継者や弟子への伝習制度のひとつといえた。

私も今までに徒弟制度の弊害については、辟易《へきえき》するほど聞かされてきた。たしかにこの制度は封建的、片務的で問題も多く、徒弟の期間を終えて一人前の職人となってからも、それだけで独立して新しい親方になれる機会は少ないといえた。

そもそも仲間という制度は、職人社会や商人社会などの一種の自治組織として出発していたから、独占的な利益を保持したり、幕府や領主に対して冥加金《みようがきん》という名の一種の営業税を負担する一方、仲間相互の機会の均等や、組織内の内部統制と新規加入の制限などが行われていた。

このような結果、徒弟期間を終えたあとも、手間取《てまどり》職人、助《すけ》職人（期間匠）といったかたちで、かつての親方との従属的な関係は長く続き、その影響力は仮に独立しても、本家と分家・別家というかたちで長く続いた。

職人修業

ところで、職人には本来、出職《でじよく》と居職《いじよく》があり、出職は注文主からの依頼に応じるかたちで、現場に出向いて仕事をするもので、大工、屋根葺、左官、鳶《とび》などの建築関係の業種が多かった。

それに対し、居職はもともとは注文主から原材料を受け取って、自宅などで加工する形態が多かったが、のちにはある程度の需要を見越して市場生産をするようにもなってきた。その意味では家内制手工業のはしりだったともいえる。

檜皮葺も柿葺も元来は出職といわれ、指定された社寺に材料などを持って出向き、そこで仕事をこなして収入を得ることができた。ただ、昔から現場仕事の下拵《したごしら》えに要する時間が長いので、その意味では居職ともいえた。他の現場職と比べて、仕事さえあれば年間を通して出職・居職の割り振りができる点は、大きな特徴だったといえよう。

今日、多くの伝統技能職において、親方衆が「もう、私が最後の職人だ」と嘆息するなか、この分野では何とか親方から弟子に技術が口伝《くでん》されてきたが、このような経緯から檜皮葺・杮葺とも、その伝承には機械化、省力化できる部分が少なく、人間中心の徒弟制度が長く続いた分野でもあった。

一方、こういった仲間制や徒弟制が、工人たちの生活と経営を保証し、安定的な技術の伝承を可能とした面も忘れてはならない。

今日においては因襲《いんしゅう》のようにいわれる徒弟制だが、マンツーマンでなければ学べない点や、伝えることができない面もあった。伝承は数式や言葉に頼らず、自らの経験に基づいて体に染《し》み込ませた記憶や勘《かん》を頼りになされている。わけても建築職人の技術は、多くの道具類を自らの体の一部のごとく自由に使いこなすことが求められてきた。

その意味で、徒弟奉公は技術修得の場であって、親方は弟子に技術を教え、弟子はお礼奉公の期間も含め、月謝のかわりに自分の労力を提供する仕組みになっていた。

屋根職人となるための修業は、一二歳のころからはじめて、約一〇年で一人前になるのが普通であった。まだあどけなさの残る少年たちが親方の許に弟子入りして、現場の雑用や飯炊《めした》きをしながら職人の体をつくり上げ、同時に少しずつ技術も身につけていった。徒弟奉公は体を道具に馴染《なじ》ませるための基本訓練の場でもあるから、体のやわらかい年齢からはじめないと手遅れになったからである。

たとえば、仲間史料のひとつである「名前帳《なまえちょう》」は、檜皮職全員の名前を公儀（奉行所）に届けるための帳簿である。一般的には手間取り職人から、末端の徒弟までの名前を載せている。一人ごとに名前、居住町、奉公年月日を詳《つまび》らかにしたうえで、印を押したものも見かけられる。

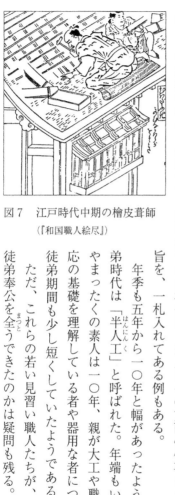

なかには、奉公させてもらった徒弟が途中で諦めて親元に引き取られたり、何か奉公先にとって不都合なことがあって、隙《ひま》を出された場合は、当人にその方面の仕事をさせない旨を、一札入れてある例もある。

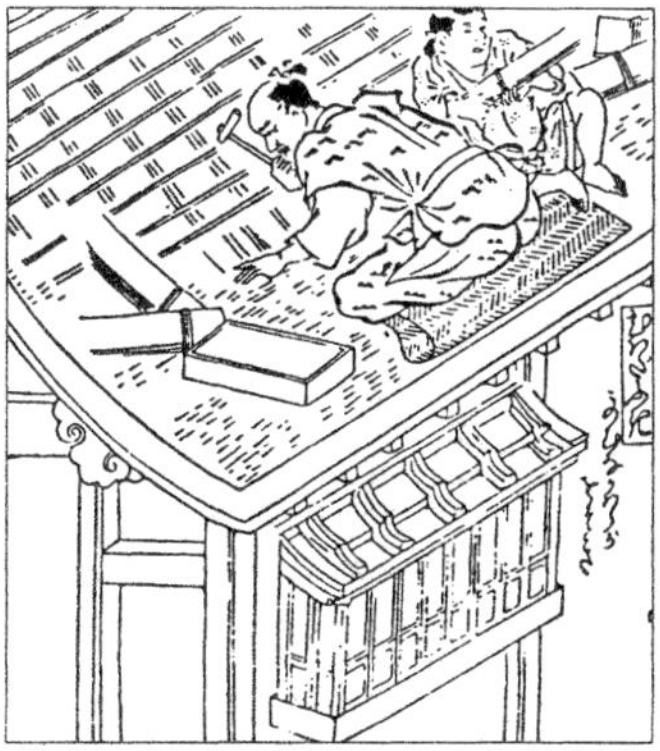

図7　江戸時代中期の檜皮葺師
（『和国職人絵尽』）

年季も五年から一〇年と幅があったようで、徒弟時代は「半人工《はんにんく》」と呼ばれた。年端もいかぬ者やまったくの素人は一〇年、親が大工や職人で一応の基礎を理解している者や器用な者については、徒弟期間も少し短くしていたようである（図7）。

ただ、これらの若い見習い職人たちが、本当に徒弟奉公を全《まっと》うできたのかは疑問も残る。たとえば、親方の許に奉公人請状《ほうこうにんうけじょう》が残っている若者についてみても、当時の戸籍である「宗門《しゅうもん》人別改帳《にんべつあらためちょう》」や、各店の「名前帳」で追ってみても、案外早い段階で抹消されている例も散見されるからである。

宗旨改《しゅうしあらた》めの制度は、キリシタン摘発の試行錯誤の中から創設されたものだ。夫役《ぶえき》の非対象者、つまり家族内の女子供や下人のみならず、独り者や乞食《こつじき》に至るまでの、出生・死亡・婚姻・養子・奉公・移動を掌握していたが、奉公先を中途で辞めるケースには、親元引取以外にも、欠落《かけおち》（失踪《しっそう》）、取逃《とりにげ》（逃亡）の場合があった。

特に取逃は、前貸の給金を踏み倒したり、道具一式まで持ち出した例も見られる。なかには奉公人が請人《うけにん》（保証人）や人主《ひとぬし》（仲介者）にそそのかされたり、あらかじめ馴《な》れあって逃亡する例もあったという。

「中途退職した場合は、その職に就かせない」との制限があったとしても、逃亡した者にある程度の伎倆《ぎりょう》があればそれなりに働き口もあったようで、年季の途中で欠落する徒弟も多かったようだ。

近代以降の職人

ともあれ、徒弟としての年季奉公が明けると、親方から道具一式と半纏《はんてん》や紺股引《こんももひき》を祝儀《しゅうぎ》として与えられている。これらの中から助職人《すけしょくにん》などのかたちで外に出る者もいれば、手間取りとして親方の許で修業を続ける者もいた。

それでもまだ、近世は職人にとってはいい時代だった。明治維新にはじまる近代や、それに続く現代は合理化や画一化の歴史といってもいいほどで、実際の技術修得の場となる仕事自体が減り、手工業的な職人芸の衰退には著しいものがあった。

もちろん檜皮葺や杮葺といった古典的な伝統技術の分野においても例外ではなく、職人の転廃業も相次ぐようになる。この傾向は大正から昭和期にかけても続き、特に昭和初期の恐慌の時は屋根職人から「日傭《ひよう》」と呼ばれた窮民型労働者に転落する者も多く、苦しい時期が続いた。

これも明治以降に木造建築の近代化が行われたために、限られた歴史的建造物以外に伝統的な修理技能者の居場所がなくなってしまったことが、主たる原因であったと思われる。

それに加えて、義務教育が一般化したため、職人として若年からスタートすることが難しくなってきた。また、国民皆兵制がしかれて徴兵の義務が生じたため、修業半ばの職人が軍隊にとられるなど、徒弟制度の根幹が揺いでくるようになった。

さらにいえば、戦後になると一定の質を確保しながら生産性を高めることが要求されるようになり、昔ながらの職人気質《きしつ》も急速に失われてきたのである。

現在、わが国には百数十名の檜皮葺と杮葺の職人がいる。その年代別構成は二〇～三〇歳代の若手と、六〇～七〇歳代のベテランの両極に分解しており、本来なら働き盛りというべき四〇~五〇歳代の中堅層が少ない歪《いびつ》な構造になっている。

伝統的技術の振興は、単なる技術の伝習といった側面だけでなく、徒弟修業の年季のなかで培《つちか》われてきた人間形成の面も大きいものがあった。今でも若い職人への忠告はめったに歓迎されないいし、しかもそれを最も必要とする人間が、最もそれを敬遠したがるのだから困る。

また、職人になって最初のうちは、ちょっと作業が進むとこれでいいのかと不安になるものである。そういう時は細部は後回しとし、後を振り向かないことをアドバイスしてやるとうまくいく。若いうちは細部にこだわるあまり、全体を見失しなう怖れがあるからだ。それに実際問題として、チームプレーをする他の職人の足手まといとなる。ここはこの程度と割り切って、最初の部分は心を鬼にしてそれ以上見にいかないようにしたい。

少し慣れてくると、伝統技術の収得は地殻を掘る作業に似ていることに気がつく。個人→集団→個人→集団と循環する試錐《しすい》を回すように、個人の力量と集団による共同作業を交互に発揮しながら、少しずつ技術の神髄に迫っていく。技の収得は最終的には個々人の力量に帰するわけだが、ともすれば自分の技量に対する過信が狭量に結びつくことが多い。それを防ぐためにも、虚心に親方や先輩から学ぶべきである。

このように古いといわれる徒弟制度ではあるが、これらを先達《せんだつ》のもとで、現代的な労働条件や働きやすい環境と調和するように常に腐心してきた。その意味でも、わが国の優れた職人の技術は、画一的な学校教育によってだけではなく、徒弟制によっても支えられてきた面が多かったといえよう。

文化財保護法の今日的意味

文化財の歴史は古く、わが国が近代国家として歩みはじめて間もない明治五年（一八七二）に、「古器旧物保存方《こききゅうぶつほぞんかた》」という太政官布告《だじょうかんふこく》が、全国に向けて出されている。

近代のあゆみ

明治二〇年（一八八七）からは、全国的な文化遺産の調査が行われ、その成果をもとに「古社寺保存法」が帝国議会を通過したのが明治二九年（一八九六）。本格的な文化財保護行政はさらにその翌年（一八九七）からスタートした。これは一八四一年のフランス、一八八二年のイギリスに次ぐ世界では三番目に早いといわれる文化財保護への取組みである。

大正八年（一九一九）には、これに「史蹟名勝天然記念物保存法」が加わって、基本的な骨格ができあがった。昭和四年（一九二九）には先の「古社寺保存法」に代わって、さらに充実した「国宝保存法」などが制定施行されている。建物についても、それまで「特別保護建造物」と呼ばれていたものが、他の美術品と同様に一般名称としての「国宝」と言われるようになったのは、この時期からである。

そして、これら近代の法律は戦争の時代を経て昭和二五年（一九五〇）には廃止され、そのかわりに新法として「文化財保護法」が成立した。そのもとで無形文化財といった新たな指定も含め、現行の制度にもつながる総合的な文化遺産保護活用の仕組みが確立することになった。

文化財保護法は、戦中戦後の社会的混乱による文化財の荒廃と、施行前年の昭和二四年一月二六日に発生した法隆寺金堂の失火罹災《りさい》によって、壁画焼失という惨事を招いたことへの反省が契機となった。

さらに議員立法で制定されたこの法律は、昭和二九年（一九五四）と昭和四三年（一九六八）に改正され、昭和四三年の時には文化庁の組織が発足している。昭和五〇年（一九七五）には、新たに重要伝統的建造物群保存地区（伝建地区）の制度を設け、民俗資料などでも重要なものは「重要無形民俗文化財」に指定できる制度も整った。

近年では、平成八年（一九九六）に二一年ぶりに大きな改正が行われ、登録文化財制度の創設や、重要文化財などの活用のための規制緩和、地方自治体への権限委任といった施策が決められている。

以上が、わが国の文化財保護施策の概要であるが、特に直近の制度の改正には、これまでになかったメッセージが込められている。

そのひとつは、国宝や重要文化財のように評価の定まったもの以外で、全国的に存在する歴史的な町並みや集落を「伝健地区」に指定したり、江戸時代や明治以降の比較的新しいものを全国的に登録し、いわばわが国の文化財ストックのインベントリー（財産目録）として活用しようという「登録文化財」の試みなどが、精力的に行われるようになったことである。

もうひとつは、昭和四九年（一九七四）に国宝に指定された奈良・高松塚古墳の壁画など、新しく発見された遺跡に対して、光学的調査などの最新のハイテク手法を駆使して評価する方法がとられたり、建造物に使用されている木材の年輪をもとにした建築年代の特定法が開発されることによって、この方面の研究が格段に進んだことである。

保存と活用

「この法律は、文化財を保存し、且《か》つ、その活用を図り、もって国民の文化的向上に資するとともに、世界文化の進歩に貢献することを目的とする」――これは文化財保護法の冒頭、第一章総則の第一条に〔この法律の目的〕として記されているものである。

このように、国の指定物件については国が責任を持ってあたり、その保存と活用が第一義であるとしている。文化財を長く後世に伝えるためには修復は絶対不可欠の条件であるし、技術者（設計監理者）や技能者（職人など）の養成、さらには保存修復に必要な材料の調達をどうするのか、また修復の費用をどのようにして捻出するのか、など、問題は山積しているといって過言ではない。

また、文化財建造物はこれを死蔵することなく、一般に公開し多くの人々に鑑賞の機会が与えられてこそ、はじめて効果が得られるものである。ただ鍵をかけて、空き家のままで保存しているのでは、まったく意味がない。かといって、なんでも見せればいいというものではなく、多くの悪条件が予想される公開の場で、これらを克服していくにはどうすればいいのであろうか。

修復工事中の公開は、現場の者にとっては正直いってちょっと辛い。手は取られる、写真用のポーズをとらされるなどで、仕事は進まないし、まるで金魚鉢の中の魚のように、一挙一動を数十、数百の眼で見つめられると、ベテランの職人でさえ気恥しいものである。

近年は文化庁の「修復の現場は、可能な限り公開する」との方針のもと、社寺などを参拝する人々が興味深げにカメラを向けたり、大工職人をつかまえて質問する光景を見ることも増えた。なかでも外国人は好奇心が旺盛で、片言の日本語でなかなか穿《うが》った質問をする。

建物を残し、将来に伝えていくためには、今までの本来の目的に加えて新しい活用方法を模索する必要もあろうし、そのような保存活用がなされて、はじめて建物の保存計画は完成するのである。

ただ、これらの建造物を活用するためには一定の規準が必要であり、文化財に未指定の建物でも当然守るべき一線がある。私たちはこの規準のことをオーセンティシティ(Authenticity)と呼んでいる。オーセンティシティには「形態や意匠、材料と材質、用途と機能、伝統と技術、立地と環境、精神と感性、そしてその他の要因も含む」とされており、文化庁あたりでは「真実性」と訳しているようだが、なかなか当を得た呼び方をしたものである。

ところで、「保存」と「活用」は本当に調和し、両立するのであろうか。「活用」は商業主義との関係の中で、ともすれば乱暴な「開発」に擦《す》り替《か》えられることも多かった。そもそも「保存」と「活用」は相容れないものであり、「活用」とはいっても巧妙な「開発」擁護論ではないのか、といった指摘もあるくらいである。

生きている文化財

では、本当の意味の「保存」と「活用」とはどのようなものであろうか。

全国には多くの「保存」と「活用」の例がある。私たち職人が主に仕事場とする社寺や書院などは、昔の建物であっても昔と同じように現役で使われているのだから、これがもっとも望ましいかたちの「生きている文化財」といえよう。

問題となるのは、すでに一応の役割を終え、リタイアした建物である。建物が本来持っている道具としての機能が消滅したり変質して、多少「やっかいもの」化した時点で、保存問題が発生する。

この解決法は二つしかない。ひとつはその建物を生かすかたちで、多少の改造は施しても、民俗資料館や郷土館などの施設にしたり、レストランやホテル、各種の集会所などとして活用する方法。いまひとつは、その建物の文化財的価値を認めて「社会教育資料」の一種として生き延びさせる方法である。これは内部を公開してもいいし、民家村や風土記の丘のように、これらの建物を一ヵ所に移築して「余生を送らせる」方法も考えられる。

何を保存すべきなのか、という概念にも決まった定義は存在しないし、時代とともに変化するものである。オーソドックスな保存活用のみに固執していると、落ちこぼれたものはもう取り返しがつかないのである。

このように考えれば、保存と活用を組み合わせる方法にも多様なものが考えられ、従来の保存手法だけでは捉えきれなくなってきている。かつての文化財建造物は、できるだけ創建当初に近い姿で凍結保存することで、保存と活用は成り立っていた。しかし、多様で裾野が広く、一般市民の生活圏にも密接に結びついている建物には、この手法を適用するのは難しいのではないか。

この意味で、近年導入された「伝建地区」や「登録文化財」の制度も、歴史的建造物を守る方法として積極的に評価する必要があろう。全国に多数存在する保存すべき建造物を国が一元的に管理することは難しく、地方が主導するかたちできめ細かく対処することが望まれる。

このように、文化財保護はさまざまなかたちで提言や運動、法律の改正がなされているが、唯一の解を見つけるのは難しいようである。「保存」や「活用」といっても、時代とともに移ろうものであり、むしろ「残したつもり」というのがいちばん危い。

考えてみれば、文化財保護や修復といった世界はごく狭い世界であり、たまたま伝統技術という現代の「方舟」に乗り合わせたわれわれ大工職人や関係者が、力をあわせて取り組まねば、国宝や重要文化財といった歴史的建造物といえども、市民社会の大きなうねりから取り残されてしまうのではないか。

技術は乱世に成熟する

古代技術の探究

不易と流行

俳聖・松尾芭蕉に「不易流行《ふえきりゅうこう》」という芸術論がある。不易とは「基本的に永続性を持ち、時代が変わっても廃《すた》らないこと」を指し、流行とは「その時代の新しい変化や、はやりのこと」をいう。芭蕉はこの不変の芸術性と、新しさやはやりといった一見相容れない二つのものが、同時に存在するところに、芸術の本質を見ていたようである。

この考え方は、そのまま建物にもあてはまる。建築はそれぞれの時代の流行に新鮮さを求めることで発展してきた面もあるが、その根底には人間の豊かさにつながる技術が前提となっていたはずである。

言い方を変えれば、「時代を越えて変わらないもの」と「時代とともに変化していくもの」とがあり、この両面は複雑に、しかも分かち難く結びついている。この一見矛盾したことが同時に存在するからこそ、建物は維持され続けてきたともいえるのである。

そして、私はこの不易というものを単なるデッドコピーとは考えたくない。たしかに不易は流行と違って一般的には見えにくいものである。建物でいうなら、表面にあらわれたものより、空間構成そのもの、あるいは、「場の持つ雰囲気」などと考えてみたい。

実際、私たち職人が仕事をしていてよく感じるのは「この建物とあの建物はよく似ているなぁ」という漠然とした印象である。この「似ている」というのがミソであり、もちろん建立時代や様式が同系統であれば似るのは当然だが、時代も違うし場所もとんでもなく離れているのに、なぜかとてもよく似たイメージを持つことが多いのである。

このような例は、洋の東西をとわず昔からある。たとえば、後述する桂離宮の御殿群と、ローマのヴィッラ・アドリアーナの建物に取り入れられた構造は、同根の発想である。

桂離宮の主室である古書院などはすべて庭に面して建てられているが、日表《ひおもて》（南側）の縁伝《えんづた》いには主人筋や客の移動する経路があり、日裏《ひうら》（北側）には局《つぼね》（女中衆）、台所、役所といった裏方用の動線が奉公人たちのサービス・ブロックにつながっていた。主室と背後のサービス部分は各書院で対《つい》になっているが、これらは整然と分けられ交錯することがなかった。

同様に、ヴィッラ・アドリアーナの中庭を囲んだコロネードの裏手にも、召使用の通路が巧みに隠されており、客に姿を見られることなく、目的の広間や部屋に到達できたのと同じ解法が用いられている。

このように必要に迫られて似てしまったケース以外にも、要するに印象が似ているという例もある。たとえば、すり鉢型のギリシャ円形劇場と、厳島《いつくしま》神社で舞人が舞う高舞台は、「見られる」ことを十分に意識した視覚聴覚に基づく設計がされているし、内部空間が全部見えるという意味では、ローマのサンピエトロ大聖堂と東大寺大仏殿も、似たような表現効果を用いている。

アテネの有名な神域アクロポリスの門を入って見るパルテノン神殿と、法隆寺の復元想定上の南大門から見た中門とその奥に控える金堂の建築配置は、ともに近付いてくる人に昂揚感《こうようかん》を与える構造になっている。

特に宗教建築の場合は叙情的とでもいうか、人々の感性に直接語りかけるような超越性が必要であり、社寺などは人の出入りがあり、使われている時に強い表情を見せる。これはさながら宗教建築が自らの影響下に人々を取り込み、その雰囲気までを支配している様子を示している。

これらを私流に不易と考えるならば、建造物に必要なことのみを単純化して、美しい所や構造上重要な所のみを備えていれば十分のようなものだが、これに「流行」というもうひとつの要素が複雑に絡まってくると、そう単純にはいかない面もある。

日本の伝統建築の匠《たくみ》たちは、自らの感性によって新しいものを次々に取り入れる一方、残すべきものは普遍的なかたちで後世に伝えるという作業を繰り返してきた。そこでは求心力を持ちながら分散しつづけるという「不易と流行」の精神が、技術の面でも深い影を落としていた。

このように、建築のハードウェアのうち、「不易」の部分を押えておけば、あとのソフトウェアについては、「流行」に乗って新陳代謝をしても何の不都合もないことがわかる。むしろ、そうしたほうが建造物は永遠の生命を維持していけるというものである。

創建法隆寺

古代の建物は、長い年月の間に家事や戦乱などに遭って廃絶したものも多い。そうでなくとも、幾度となく修復の手が入っており、有名な社寺などでも大規模な改造例がある。当然、創建時の姿がそっくりそのままというのはほとんどない。特に屋根部分はさまざまな理由で改造されやすく、往時の姿がどうなっていたかは興味をそそられるテーマでもある。

特に、これから述べようとする法隆寺の伽藍《がらん》は、七世紀初頭に聖徳太子によって建立《こんりゅう》されたといわれ、世界最古の木造建築を有しているが、同時に創建当初の建築様式がよく伝承された稀有《けう》な存在である。推古天皇一三年（六〇五）頃に、当時三〇歳前後だったと思われる聖徳太子が、飛鳥京から斑鳩宮《いかるがのみや》に居を移し、自邸の西隣に斑鳩寺《いかるがでら》を建てた。太子の死後、再び隣接に移転したものが、法隆寺として今に伝わるといわれる（図8）。

法隆寺は、奈良という内陸の気候にも恵まれた土地で総檜造《そうひのきづく》りである。周囲には三笠《みかさ》山《やま》や三輪山《みわやま》、大和三山といった比較的低い山があり、さらに南には吉野、熊野、高野といった深山が連なる。奈良盆地はこうした立地の中で、歴史的にも異質なものにさらされたり、外敵に襲われたりすることも少なかった。

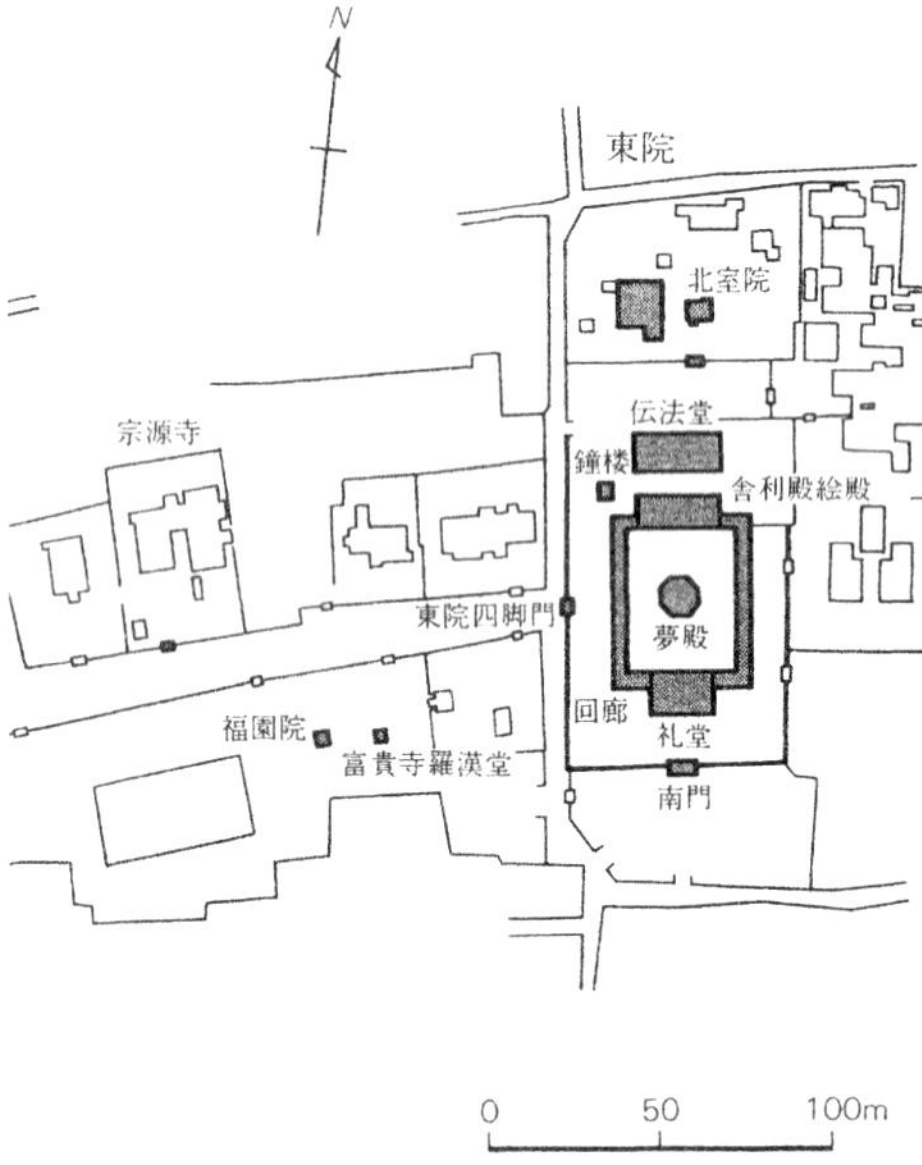

法隆寺境内図

　建立以来、大きな火災もなく、多くの建造物が

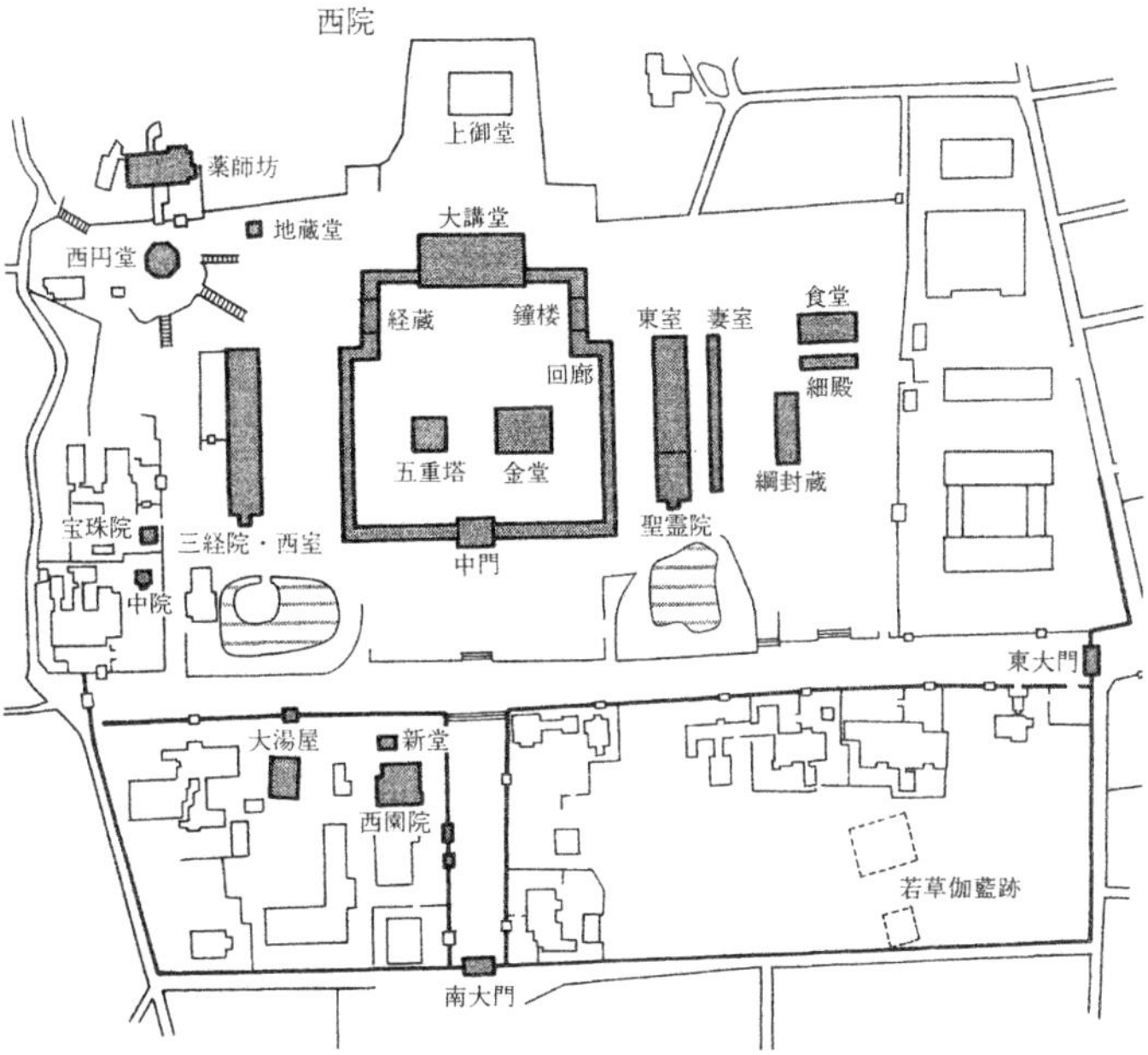

図8　現代の

よく残り、後世の再建補修はあったとしても、金堂や五重塔をはじめ築地《ついじ》塀《べい》に至るまで、当時の雰囲気をよく残している。

多くの寺院が時の権力の庇護を受けたり、逆に敵対することによって歴史に翻弄《ほんろう》され、取り潰されたり焼かれたりする中で、一三〇〇年もの間、世の中の動きに左右されずに生き延びてきた。だからこそ多くの修理の記録も残っており、研究者だけでなく大工や職人にとっても、昔の工法を実地に研究できるありがたい存在なのである。

たとえば東院伽藍は、大僧都《だいそうず》の行信《ぎょうしん》が皇極二年（六四三）に焼かれた斑鳩宮の旧跡の荒廃を嘆き、天平一一年（七三九）に太子賛仰《さんごう》を意図して造らせたといわれている。

天平宝字五年（七六一）の『法隆寺《ほうりゅうじ》伽藍《がらん》縁起《えんぎ》并《ならびに》流記《るき》資財帳《しざいちょう》』によると、「瓦葺八角仏殿、檜皮葺廡廊、檜皮葺門二門、檜皮葺屋三間、瓦葺講堂、瓦葺僧房二間……」といった字句が見え、創建当時の堂宇《どうう》の様子がよくわかる。

少し整理してみると、瓦葺《かわらぶき》の建物は八角仏殿《はっかくぶつでん》（夢殿《ゆめどの》）、講堂《こうどう》（伝法堂《でんぽうどう》）、僧房《そうぼう》だけで、回廊や二つの門、その他の付属建物（碓屋《うすや》、稲屋《いなや》、木屋《きや》など）も檜皮葺《ひわだぶき》だったことがわかっている。

これは大安寺《だいあんじ》や西大寺《さいだいじ》などの他の大きな寺院も同じだったようで、この時代の寺院建築では中心的で大きな建物は瓦葺、それ以外の建物は檜皮葺、付属的な建物や臨時的な建物などは板葺《いたぶき》や草葺《くさぶき》といった葺き分けが確立していた。これらは現在の伽藍から受ける印象とはかなり違ったものだった。

現在の東院伽藍には、資財帳にあげられた建物のうち、香木堂《こうぼくどう》など二棟と僧房以外は奈良時代建立のままか、または多少大きさや位置をかえて中世には再建されており、東院が往時の姿をよく残し、ほぼ創建時の構成がしのばれるといわれるゆえんでもある。

修復からわかったこと

ただ残念なことに、過去の修復時、たとえば近代以前はもちろん、明治や大正時代でさえも、これらの古い資材は十分な検討もなされないまま、廃棄されたり処分されたりした例もあったようだ。こうした建造物や材料の研究が本格的に行われるようになったのは、昭和九年（一九三四）からはじまった法隆寺諸堂の修復工事からだというのが定説である。

このように、長らく途絶えていた古建築の修復、それも奈良時代といった古代に建立された建物を対象とした工事が、本格的に実施されるようになったのは昭和に入ってからである。ただ、実際は日中戦争や太平洋戦争、また戦後の混乱期の中にあって、工事はひたすら遅延し、当初の一〇ヵ年計画が実際は二一年もかかってしまった。

法隆寺においては、食堂《じきどう》・東大門（昭和九年着工）、講堂（同一〇年）、八角仏殿（同一二年）、五重塔（同一六年）などと続き、金堂に至っては昭和二四年にやっと手がつけられた。奈良では他にも、唐招提寺《とうしょうだいじ》経蔵《きょうぞう》、元興寺《がんごうじ》本堂《ほんどう》や同極楽坊禅室《ごくらくぼうぜんしつ》、当麻寺《たいまでら》曼荼羅堂《まんだらどう》などでも修復研究の成果があがっている。

そして、現存の建物からの知見がひととおり出尽くしてしまうと、次は遺跡の発掘などによる新たな発見に興味は移る。そのためにも遺構と遺跡との関係を理解するように努めることが肝要であり、そうでないとせっかくの遺跡が示す重要なヒントを見落とす怖れさえある。特に屋根構造については、檜皮葺から瓦葺に改造された例も多く、調査例を元に屋根の変化過程を辿《たど》らねばならない。

法隆寺の修復も、昭和九年（一九三四）に国宝保存事業部の出先として現地に保存工事事務所が作られて本格的にスタートし、同一三年からは東院伽藍の修復もはじまった。檜皮葺職人として、東院の堂宇の中で最も興味を唆《そそ》られるのが、有名な夢殿の奥にひっそりとある伝法堂《でんぽうどう》である。

東院の講堂に当たる伝法堂は、舎利殿《しゃりでん》・絵殿の北に接して建ち、阿弥陀三尊《あみださんぞん》像などを安置している。夢殿は鎌倉時代に大改造を受けているが、伝法堂は古代の姿をよく伝えている。大斗肘木《だいとひじき》の組物で、身舎《もや》には二重虹梁《にじゅうこうりょう》を掛け、それが切妻の側面に現れている。材の均整がよくとれ虹梁の曲線も美しいし、全体として力強い。大きな須弥壇《しゅみだん》の上に承《しょう》塵《じん》という天蓋《てんがい》がつるしてあり、天井を張らない内部の架構からは威圧感すら覚える。

図９　法隆寺伝法堂前身建物復原模型

この建物は『東院資財帳』によると、聖武《しょうむ》天皇の夫人橘古那加智《たちばなのこなかち》によって施入《せにゅう》されたとある。本来は正面五間の一重軒付《いちじゅうのきづけ》の檜皮葺であったが、移築の際に正面七間に拡大され、屋根も瓦葺に改造されたらしい（図9）。

解体修理の際の調査をもとに、移築前の建物が復原されたが、これを見るとかつての建物は現在の建物の三分の二程度だったらしい。桁行七間のうち両端の部材がやや新しく、転用材や柱などに残る仕口《しくち》や疵跡《きずあと》などから、前方の二間が吹き放ちになっており、後方の三間が壁や扉で囲まれた居室となっていた。

ただ、この建物は住宅にもかかわらず礎石を用い、しかも二重虹梁蟇股《かえるまた》を使うなど仏教的建築様式の要素が強い。伝統的な住宅様式からは多少逸脱しているものの、吹き放ちの部分に広い簀子縁《すのこえん》が敷かれるなど、佐味田《さみだ》古墳（奈良）出土の「家屋文鏡《かおくもんきょう》」に見られる露台《ろだい》そっくりのものが使われており、後に述べる諸伽藍における檜皮葺の用いられ方などとともに、奈良時代の貴族住宅を知る重要な資料となった。

聖霊院と三経院

神亀《じんき》元年（七二四）に出された「太政官符《だじょうかんぷ》」などによれば、日本の在来工法ともいえる植物性の屋根は「板屋草舎は中古の遺制なり……」と定められ、二流三流の扱いを受けていた。なんといっても寺院建築などにおいては、瓦葺のほうが優位だったようだ。

一方、宮殿においては斑鳩宮をはじめ、依然として掘立柱と檜皮葺や板葺を踏襲していた。宮殿が大陸風になるのは藤原宮からで、中国の都城制を模倣したのが最初である。また平城宮においても、発掘調査などから朝堂院《ちょうどういん》など政庁以外の内裏正殿（大安殿、小安殿）には檜皮葺などが多く用いられたこともわかっている。これは現在でも、京都御所などの大半が伝統的に檜皮葺屋根であることを見ると、かなり早い時期から葺材の使い分けが確立していたようだ。

それでは法隆寺創建当初の檜皮葺はどのようなものだったのか。想像の域を出ないものもあるが、一応の筋道は立てることができる。そのひとつは、現在の法隆寺境内の堂宇に残る檜皮葺屋根からの類推である。現在の法隆寺伽藍の屋根はその多くが本瓦葺だが、西院伽藍の聖霊院《しょうりょういん》（鎌倉時代）や三経院《さんぎょういん》（同）の一部（正面一間通りの庇《ひさし》と向拝《ごはい》一間）、さらには北室院本堂や西園院唐門《からもん》などにも檜皮葺が残っている。

もちろん、それがそのまま古代の技法に当てはまるわけではないが、特に聖霊院と三経院はともに国宝建造物であり、当時の建物の雰囲気をよく残していると思われる。聖霊院はその名の通り、聖徳太子の像を祀るための仏堂であり、三経院は法華経《ほけきょう》、維摩経《ゆいまきょう》、勝鬘経《しょうまんぎょう》の三経を講じる道場であった。

ちなみに法隆寺というと、すぐ金堂や五重塔などがシンボルとして思い出されるのだが、職人の視点はちょっと違う。たしかに七世紀後半から八世紀にかけて再建された西院の主要伽藍がいちばん有名で、八世紀なかばに建立された東院伽藍が二番手。そして、平安時代末から鎌倉時代にかけて建てられた聖霊院や三経院は、西院にあっても殿《しんがり》ということで、修学旅行生も素通りしてしまう。

これらは私に言わせれば、大変人間くさい建物である。大江親通の『七大寺巡礼私記』などによっても、平氏の南都焼き討ちからの復興のエネルギーにはすさまじいものがあり、これらを支えた僧侶の姿が眼に浮かぶ。

聖霊院なども、もとは保安二年（一一二一）に東室《ひがしむろ》の前方を改修したものだったが、現在のものは弘安七年（一二八四）に堂らしく造り替えたものである。傑出した人物や僧を慕って、その生前の住居を堂のように崇拝の場としたケースは八世紀末頃からみられ、時代が下ると堂は独立性の強い立派なものと変わってくる。聖霊院の屋根も、前方に檜皮葺の広い庇《ひさし》をとったり、建具にも蔀戸《しとみど》を多用して平安時代の寝殿造《しんでんづくり》の対屋《たいのや》を思わせる。これも聖徳太子への思慕の念が、その住まいを再現させたのであろう。

東室と妻室

聖霊院と三経院は図8でも見たように、法隆寺の中心伽藍を挟んで対称の位置にあるが、さらにそれぞれの後方が東室《ひがしむろ》と西室《にしむろ》になっており、東室の脇に妻室《つまむろ》が付属している。この項ではこの東室と妻室の屋根構造を少し詳しく見てみたい。

東室は長い間に何度も改造されており、現在の建造物は一四世紀後半のものと思われる。

図10　法隆寺妻室（手前）と聖霊院・東室

東室は柱の上に直接、桁《けた》を載せる最も初期の構造であり、丸い垂木《たるき》を用いている。したがって屋根構造も、現代のものとはかなり違っていたはずである。

創建時の屋根は木瓦葺《こがわらぶき》の一種とも考えられているが、正面五間、奥行六間の庇《ひさし》と、さらに真ん中に一間幅の向《ご》拝《はい》がついていた。これは一見、三経院などの構造とも似ているが、厳密にいえば庇の外側に蔀《しとみ》が架けられたり、組物は使用しないで桁を柱の上に直接乗せるなど簡素な意匠だった。

これらのことがもっとはっきりわかるのが、聖霊院と東室のさらに脇にある妻室である。昭和三五年（一九六〇）に復原された妻室は、今では基壇《きだん》までが小奇麗になって、創建時の面影はあまりないが、かつては檜皮葺の建物だったことがわかっている（図10）。

妻室は東室に附属した小子房《しょうしぼう》で、東室一房の桁行一間分と、柱筋を合わせて円柱を建て、中間を角柱で三間に分けている。大房《だいぼう》と小子房を組み合わせて一房とし、大房には僧侶が住み、小子房には従者や小者が住んだものと思われる。東室よりさらに簡素な建物で、防風防寒のためか、壁を多く用いるなど意匠面でもわかりやすい。

『東院資財帳』にも小子房の記載はなく、現在の復原建物は奈良時代末期から平安時代初期頃の様式技法をもとにした。この建物は梁行一三尺で、礎石上端より軒高まで一〇尺強ある。『修理工事報告書』によれば、「軒の出は五・〇二尺、屋根勾配は引き通し〇・五五二尺」というから、ほぼ三〇度である。寄棟造《よせむねづくり》などでは、棟の長さもわからないことが多く形も複雑だが、切妻造の場合は屋根構造上、平面寸法と軒高だけでもわかっていれば、ある程度の祖形《そけい》がわかるのは幸運だった。

普通、この時代に用いられた架構方法は、伝法堂などでも見られたように、虹梁《こうりょう》を二重に重ねてその間を蟇股《かえるまた》でつなぐ形式である。屋根の荷重の大部分は梁《はり》にかかるので、梁の長さには限界がある。したがって古代の建築では、梁の長さは柱間《はしらま》二つ（二間）を標準とした。この点、妻室の構造は大斗肘木《だいとひじき》の簡素なものであった。

古代から建物を広く使うためには、庇を延ばす必要があった。内部を仕切るためには柱を立てればいいが、より広く使おうとすれば桁《けた》よりも太い梁《はり》をかけ渡す必要がある。しかし、柱間の距離を離すほど太い梁が必要となり、構造上のバランスが崩れる。

梁の上に束《つか》を立てて、その上に桁と平行に棟《むね》を渡す。その上に野垂木《のだるき》が並べられて、桁から外へ出た部分が軒《のき》となる。妻側も棟や梁を出すようにして、そこにも垂木がかけられて螻羽《けらば》となる。そこに破風板《はふいた》がつくのが切妻造の基本形だった。

ところが、この構造の欠点は奥行の深い建物が造れないことにある。庇を伸ばすこと自体にも限度があるし、軒先は伸ばすほどに下ってくる。そうなると少し大きな建物であれば、身舎《もや》の柱を高くして庇をまわりに巡らすことになる。ただ、庇を長くすればするほど、身舎の中に柱が残ることになり、妻室のような比較的小さな建物ではそれが目障《めざわ》りになる。また、柱そのものが屋根構造に直結していたために位置が自由にならず、内部が柱によって分断されただろう。こうしてできた庇は、身舎の屋根傾斜より少し緩くして、軒先の鬱陶《うっとう》しさを少なくすることができた。

このように、妻室のような誰もが気に留めないような小さな建物からも、多くのことがわかる。建物がシンプルなだけに、構造、意匠ともすべてが直截《ちょくせつ》につながっており、ややこしい後世のディテールなどを考慮しなくとも、ストレートに屋根の発達過程が理解できるといった、ありがたい生きた教材なのである。

古代の檜皮葺

以上の結果、この時代の檜皮葺建物はどのようなものだったのかというと、非常に簡素な建物で、いわば実用一点張りというところであろうか。

現代でこそ檜皮葺といえば特殊な屋根造りで、もっぱら文化財建造物などに使われているが、古代では宮殿や住宅など、もっといろいろな建物に使われていたようだ。また、これらの建物を解体修復した際にわかったことであるが、瓦葺の建物が礎石を用いていたのに対し、檜皮葺の建物は掘立柱を用いていたことから、建物自体の恒久性について、中世以降とは違った位置付けがなされていたことがわかる。

この時代の檜皮葺工法を、私なりに推測してみると次のようになる。

1　檜皮の軒付によって、軒に厚みをもたせることがなかった。

2　屋根の勾配は三～四寸勾配と、茅葺や葦葺の一尺以上の勾配と比べて緩かったと考えられ、雨漏りの恐れが強かった。ちなみに、当時の雨対策の弱点には次のようなものが考えられた。

①　檜皮葺の軒先先端から裏面へ雨水がまわり込みやすかった。

②　緩勾配の屋根面では、特に勾配の下限値となる軒先で雨水が滞留し、職人言葉で言う勾配が緩くて「昼寝ができる屋根」が現出して、浸透圧によって漏水する恐れがあった。

③　檜皮屋根面の流層厚が増大し、葺材間の隙間に局部的な圧力がかかった。

④　檜皮材料の縦重ね部の両側には水頭差ができるが、これが小さくなる。

⑤　檜皮材料の下面に沿って流下する雨水の滴下が生じやすい。

⑥　檜皮層の隙間の流れにおいて、屋根勾配に沿う方向の流速成分が減少する結果、

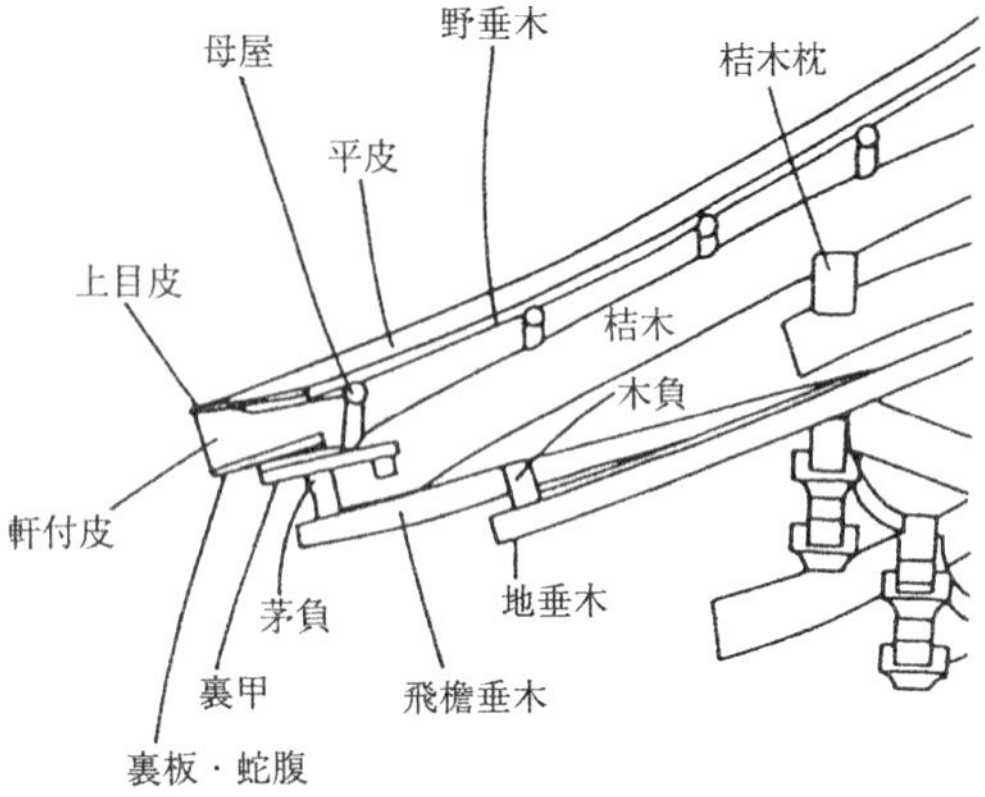

図11　現代の檜皮葺屋根の断面図

流れの方向が雨漏れする危険のある方向に近づいた。

3　竹釘はおそらく使われてはおらず、今でいう榑板《くれいた》の押縁《おしぶち》で檜皮を固定するか、藁縄《わらなわ》などで縄括《なわくく》りをしていたと思われる。

4　したがって檜皮屋根の締まりも悪く、厚ぼったいうえに葺斑《ふきむら》も目立った。

5　檜皮の使用量は、中世以降の半分ないし三分の一と少なかった。

現在の檜皮葺の軒付（図11）は、檜皮が厚く積み重ねられ、落ち着いた色調もあいまって重厚な趣きを見せている。このような技法は、奈良時代の終わりから平安時代にかけて考案されたものであろう。というのも、後述するように軒部分の檜皮屋根構造がそう簡単ではないからである。

初期の檜皮葺工法は、現代の杉皮葺に似たような、軒付に厚みのない構造だったと考えるのが、無理のない推量だといえよう。

伝播は同心円を描く

神社の様式

神社と寺院の起源は、どちらが古いのだろう。建築史上の通説では寺院となっている。建造物としての神社は、七世紀なかばに最初の社殿《しゃでん》が建てられたといわれる伊勢神宮《いせじんぐう》や、西暦六五九年建立《こんりゅう》説もある出雲大社《いずもたいしゃ》などの例もあるが、現存する神社の最古例としては平安時代後期に建立された宇治上《うじがみ》神社本殿（京都府宇治市）というのが定説で、古代に遡《さかのぼ》ることのできる唯一の神社である。

宇治上神社は一間社流造《いっけんしゃながれづくり》の内殿三殿を並立させて、覆屋《おおいや》で覆うかたちをとっており、内殿の背面《はいめん》檜皮葺《ひわだぶき》屋根が葺《ふ》かれていなかったり、化粧垂木《けしょうたるき》の大きさや間隔が不揃いであることも、屋根の発達過程を見るうえで大変参考になる。

ところで神社においては、その発生の起源を遡っていくと、巨木や巨岩を神籬《ひもろぎ》や磐座《いわくら》として、祭のたびごとに神を憑《よ》りつかせ、常住する神の住まいを捧げたとか、山などの崇拝する対象を遥拝《ようはい》した施設であるとか、神器を納める上代のクラから発生したなどといったさまざまな説がある。

ただ、現実的には何らかの様式分類をしなくてはならないので、代表的な遺構や屋根などの形態を用いて、「大社造《たいしゃづくり》」「住吉造《すみよしづくり》」「神明造《しんめいづくり》」「春日造《かすがづくり》」「流造《ながれづくり》」などと呼んでいる（図12）。

神明造は伊勢神宮の内宮《ないくう》・外宮《げくう》の正殿に代表されるもので、大棟《おおむね》側に入口のある平入《ひらいり》で、両妻ともに棟持柱が立っているのが特徴である。特に伊勢神宮の正殿は「唯一神明造《ゆいつしんめいづくり》」と呼ばれ、神明造の中でも基本といわれている。なお、神明造として現存最古のものは、長野県の仁科神明宮《にしなしんめいぐう》（寛永一三年〔一六三六〕）である。

大社造は島根県の出雲大社本殿や神魂《かもす》神社本殿（天正一一年〔一五八三〕）に代表され、妻側に入口のある妻入《つまいり》の建物である。正面の片側に入口を寄せた構造になっている。住吉造は住吉大社（大阪市）などに見られ、妻入で入口が正面中央にある。棟は箱棟《はこむね》で、破風《はふ》は直線形、妻飾《つまかざり》は扠首組《さすぐみ》である。現在は正面に拝殿がついている。また、大鳥造は住吉造の簡略形ともされるが、大社造より直接発達したとの説もある。大阪府堺市の大鳥神社が唯一の社殿である。

以上は古代から伝わる社殿形式であり、特殊な屋根造りが有力神社の一部に残っている例であるが、現存している神社に多いのは、やはり「流造」「春日造《かすがづくり》」「入母屋造」の三系統である。その中でも全体の三分の二を占めるのが、切妻造平入の「流造」である。これは神明造から発展し、寺院建築の影響で照《て》り屋根となり、前流れが長く伸びて向拝《ごはい》になったといわれている。

「春日造」は切妻造妻入で、左右に反《そ》り上がる照り屋根と、社殿の前面の庇《ひさし》を特徴とする。春日大社をはじめ奈良県に多く、朱塗り彩色など仏教様式がよく出ている。

また「入母屋造」の屋根も多く、滋賀県の御上《みかみ》神社は最古の例といわれ、神仏の様式の入り交った不思議なかたちである。筆者のところで施工した屋根であるから、大学の先生や海外の研究者を連れて何度も案内をしたが、要するに玄人《くろうと》好みの神社なのであろう。形態は寄棟造《よせむねづくり》の上に切妻造を重ねた格好だが、本来は切妻造の身舎《もや》の四周に庇をつけたものと考える。もともと仏寺や宮殿に見られた様式を、平安時代中期から鎌倉時代初期にかけて神社本殿に転化したものといわれている。

構成比とその分布

次に、数の多いこれらの三タイプの現代における構成比や分布を通して、神社様式がどのようにして全国に波及していったのかを考えてみたい。対象として考えられる神社は一〇万座以上ともいわれ、境内社《けいだいしゃ》や末社《まっしゃ》まで含め

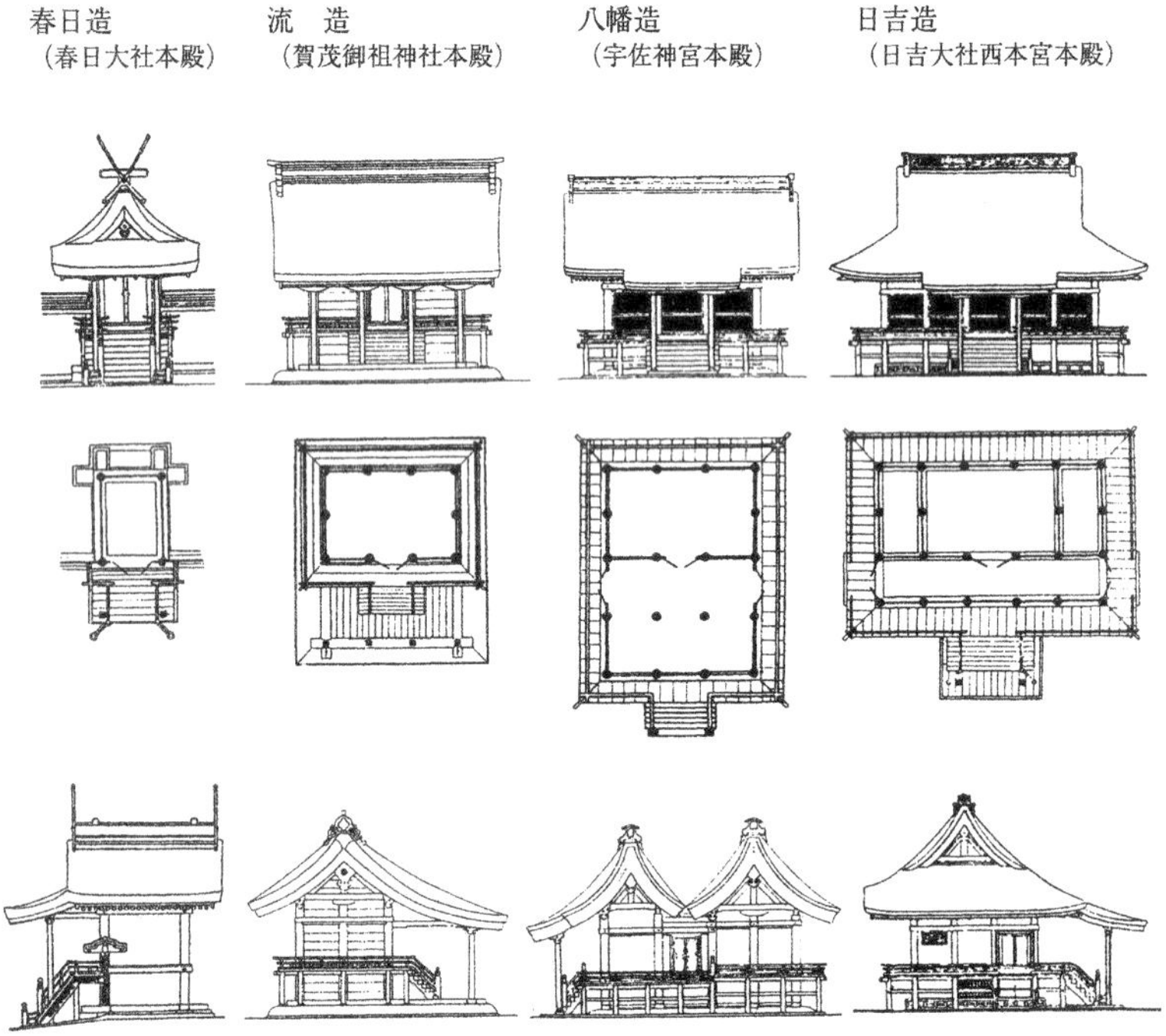
春日造
（春日大社本殿）
流　造
（賀茂御祖神社本殿）
八幡造
（宇佐神宮本殿）
日吉造
（日吉大社西本宮本殿）

建築の様式

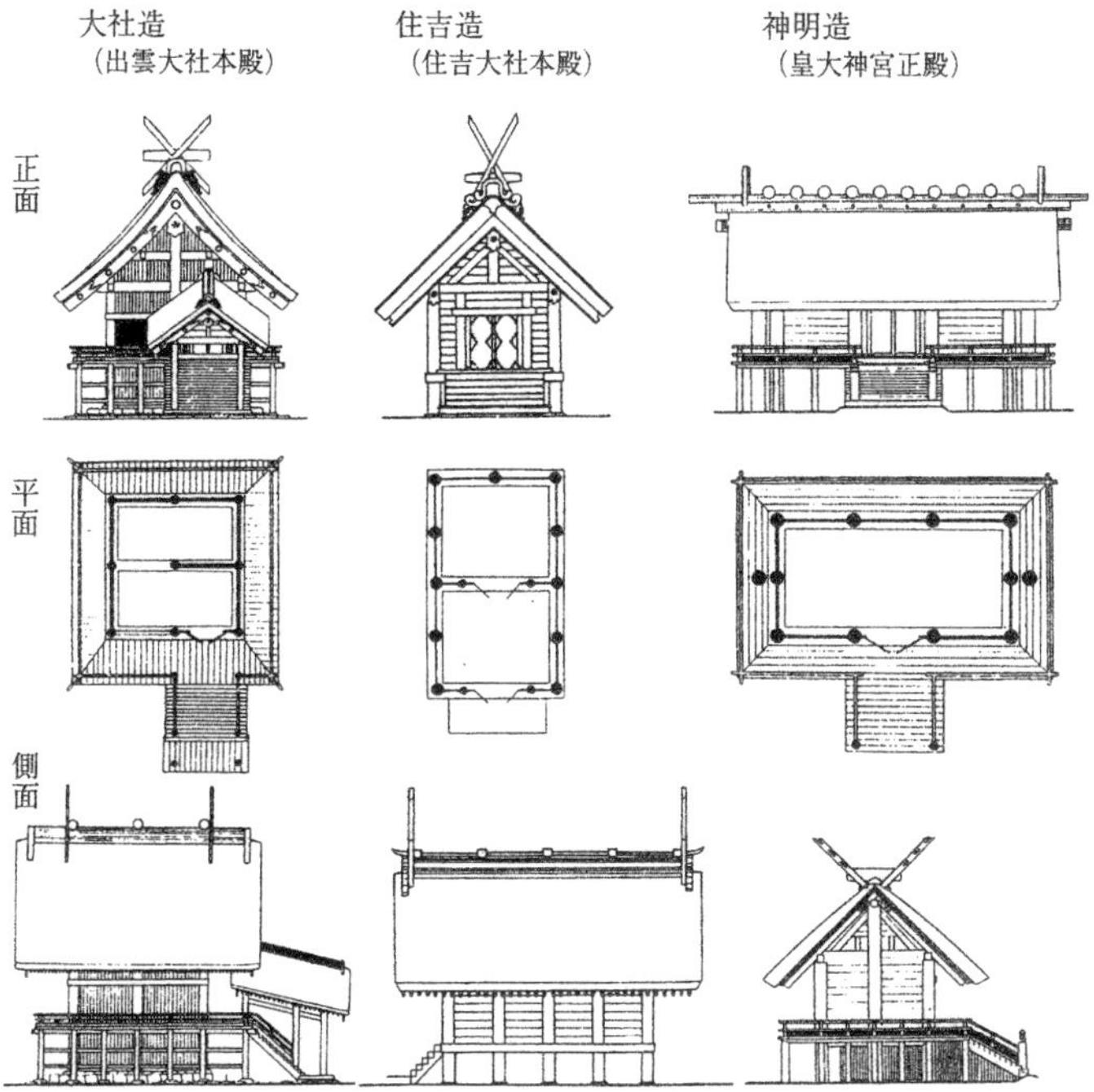

図12　神社

表1　神社遺構の時代別伝播状況

都道府県名	平安後期まで（～1184）	鎌倉前期まで（～1274）	鎌倉後期まで（～1332）	室町前期まで（～1392）	室町中期まで（～1466）	室町後期まで（～1572）	累計
秋　田						2	2
山　形						1	1
栃　木					2	2	4
群　馬						1	1
埼　玉						2	2
千　葉					1		1
神奈川					1		1
新　潟						3	3
富　山						3	3
石　川					1	3	4
福　井						1	1
山　梨					3	9	12
長　野				4	4	11	19
岐　阜				1	1	3	5
愛　知				1	1	4	6
三　重						1	1
滋　賀			13	5	12	12	42
京　都	1		4	7	5	10	27
大　阪		1		2	9	5	17
兵　庫					8	13	21
奈　良			3	7	7	14	31
和歌山					2	14	16
岡　山					1	3	4
広　島		1			1	6	8
山　口				1	1	3	5
香　川		1					1
愛　媛				1	1		2
高　知						2	2
福　岡					1	2	3
佐　賀				1			1
熊　本						1	1
大　分						1	1
宮　崎					1		1
鹿児島						2	2
合　計	1	3	20	30	63	134	251

注　2000年までに指定された重要文化財建造物（国宝を含む）のうち，古代末から中世にかけて建立された遺構について調査した．

表２　神社遺構の様式別残存状況

様式＼時代	平安時代後期	鎌倉時代前期	鎌倉時代後期	室町時代前期	室町時代中期	室町時代後期	合計棟数
流造	1	1	13	20	44	85	164
春日造		1	3	5	14	30	53
入母屋造			2	2	4	15	23
切妻造			2	2		1	5
両流造		1				2	3
その他の形式				1	1	1	3
合計	1	3	20	30	63	134	251

れば膨大な数となるので、現実問題としてすべてを調べることは難しい。

そこで次に考えたのが、重要文化財に指定されている著名な神社に限ること。これなら五二〇棟（二〇〇三年一二月現在）ほどですみ、分類も比較的容易と思われた。ただ、この場合に問題となるのは、江戸時代など近世以降の建物が半数を占めてしまうことである。この時期の神社は、全国的に見ても非常に数が多く、文化財に指定されている建物はそのうち一％に過ぎない。はたしてこの一％に数万社といわれる近世神社のすべての様式を代表させていいものか——。

こう考えてくると、この種の統計をとるには、残存数が限られてその大半が文化財に指定されている一一世紀から一六世紀にかけての、主に中世の神社建築をデータベースにするのが適当と思われた（表１・２）。

こうして最終的に抽出した二五一棟の神社建築のうち、

まず様式的に多いのが六六%を占める流造である。この様式は滋賀（三四棟）、京都（二三棟）、長野（一五棟）、兵庫（一四棟）と、近畿地方を中心にほぼ全国的に分布している。これも流造の源流といわれる上賀茂、下鴨の両社があることと関係が深いともいわれる。

次は春日造で、二〇%が遺構として残っているが、奈良（二一棟）、和歌山（一〇棟）など近畿南部に片寄っている。仏寺様式の強い春日造は、大和地方が興福寺と春日大社の影響下にあったためと考えられ、紀伊地方でも春日造の変形といわれる熊野造（皇子造《おうじづくり》）の系統が残っていることから、これらの地方ではこの様式の社が多い。

一方、入母屋造は二四棟（一〇%）の社殿が全国に散らばるかたちで残っている。この様式は流造や春日造と比べると、やや新しいといえる。また、この様式には同系統の祇園《ぎおん》造《づくり》（京都・八坂《やさか》神社など）や日吉造《ひえづくり》（滋賀・日吉《ひよし》大社）など個性的な社殿が多いため、これらも入母屋造の類型と考えると、総数はもう少し多いと思われる。

たとえば、国宝日吉大社西本宮本殿は日吉造のルーツであり、数年前に筆者が檜皮葺の屋根を施工したものである。天正一四年（一五八七）の建立で、桁行五間・梁間三間の個性的な社殿で、大和国（奈良県）大神《おおみわ》神社から遷した大物主神《おおものぬしのかみ》を祀っている。神仏習合による特殊な建物で、桁行三間の母屋正側面に一間通りの庇をつけた特殊な形式をもつ。背面から見ると入母屋造の後ろを切り落したような形が珍しい。両端近くの杓《しゃく》ったような部分を「縋破風《すがるはふ》」といい、この部分には随分苦労した覚えがある。

時代別の分布を見ると、神社は寺院とはあきらかに違うことがわかる。寺院は原初の山岳寺院はあるものの、おおむね奈良時代までの遺構は奈良県に一極集中し、平安時代になって京都を中心に畿内から東は東北にまで拡がり、西は鎌倉時代に九州まで達している。これに対し、神社は終始近畿地方が中心であり、とりわけ鎌倉時代以降は数も多く遺構が絶えたことがない。その他の地方での神社の本格的建立は、室町時代の中期以降まで時代を経ないとあらわれてこない。

その分、畿内での神社建築の発達や変形、衰退は早いころから起こっていたようで、奈良から平安時代にかけて成立したといわれる構造は、前述した宇治上《うじがみ》神社などでも創建時とは微妙に形が変わっている。また、春日造でも「元祖」である春日社と、現存最古の春日造といわれ鎌倉時代に建立された円成寺春日堂《えんじようじかすがどう》・白山堂《はくさんどう》の頃には、組物などに大きな変化が見られた。

そのほか、入母屋系の特殊な屋根としては、前述した「祇園造」「日吉造」以外にも「浅間造《せんげんづくり》」や「香椎造《かしいづくり》」などがある。また、いろいろな屋根様式が組み合わさったものを複合社殿というが、二棟の切妻造平入《ひらいり》の建物が前後に接続した「八幡造《はちまんづくり》」は、石清水八幡宮《いわしみずはちまんぐう》（京都）や宇佐八幡宮《うさはちまんぐう》（大分）などが知られている。

また、仏寺の開山堂を起源とするのが「権現造《ごんげんづくり》」で、本殿と拝殿の間に相《あい》の間《ま》を設けて平面を「エ」の字型とする。北野天満宮（京都）などが代表的な遺構である。その他には、「吉備津造《きびつづくり》」「相殿造《あいどのづくり》」「見世棚造《みせだなづくり》」などの特殊な形式がある。これらはいずれも各社個別の信仰を持ち、財政も豊かであったことから技術の伝承も可能になり、修復の負担にもたえてこうした独自の様式を続けることができた。

蝸牛のごとく

ところで、一般的にわが国では「文化は政治経済の中心地から同心円状に伝播《でんぱ》する」といわれてきた。この伝でいくと、建築様式も中央での様式が最新かつ本格的であり、地方においては伝播も遅れがちで、中央と比べると崩れた様式ともいえる。

ただ、一国の建築文化を見る場合、こういった伝播の時差なども重要な鍵となる場合がある。地方独自の興味深い様式を積極的に評価しなければ、この国の建築文化の全体像を捉えたことにはならない。特に民家のように、本来地方色の豊かなものについては、この視点は絶対に必要となる。

ところで、建築文化の伝播は中央集権的なところもあって、当時の権力構造と結びついて一挙に伝わることも考えられるが、現実的には数十年に一回の修復ではその歩みはしれている。それはちょうど、言葉の文化が行きつ戻りつしながら、地方に定着していく様子となにやら似ている。

民俗学者の柳田国男《やなぎたくにお》に『蝸牛考《かぎゅうこう》』（刀江書院、一九三〇年）という著作がある。「蝸牛」とはカタツムリのことで、柳田はこのカタツムリの呼び名（デンデンムシ、マイマイ、カタツムリ、ナメクジなど）の方言分析から、これらの呼び方が京都を中心に同心円を描きながら広まっていったことを発見した。そして、これらの言葉の伝播は、図13に見える檜皮葺の薄皮葺がそれまでの厚皮葺に替わって広まっていく様子とよく似ている。

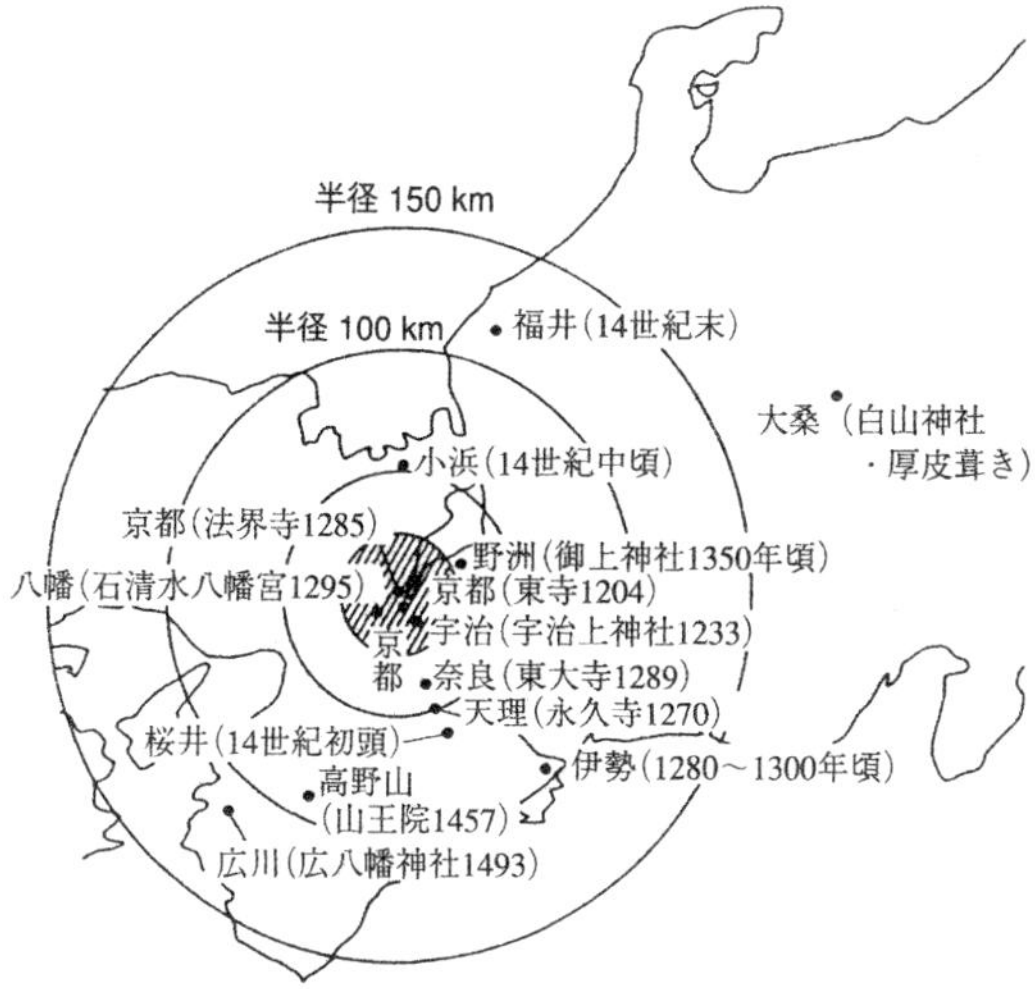

図13　中世における檜皮葺薄皮葺伝播推定図

　カタツムリは近畿地方を中心に「デンデンムシ」と言われ、その東西、すなわち東海地方や北九州では「マイマイ」と呼ばれていたらしい。さらにその外側では「カタツムリ」といわれ、最後に都からいちばん遠かった東北や九州の一部では「ナメクジ」が残った。すなわち、ナメクジがいちばん古い呼び名で、デンデンムシが最新の都《みやこ》言葉と言えるのだろうが、たまたま東京近辺に同心円が達していたカタツムリが「標準語」となったものらしい。「古語は辺境に残る」という「方言周圏論」には、なるほどと思わせるものがある。

「蝸牛論」の初稿が発表された『人類学雑誌』（昭和二年）では柳田自身が次のように述べている。

若《も》し日本が此様《このよう》な細長い島でなかったら、方言は大凡《おおよそ》近畿を中心にぶんまわしの中心として、段々に幾つかの圏を描いたことであろう。

ブンマワシとはコンパスのことであり、ちょうど池の真ん中に投げ入れた石の波紋のように、人から人へと地を這うようにして、四方に広まっていったのだろう。ただ、これも例外はあるようで、海や険阻《けんそ》な山脈に阻《はば》まれたり、当時の勢力分布や文化圏の有り様によって言葉が仮説通り到達していなかったり、大きく迂回している場合もある。

そして、建築文化の発信基地としても、京都の果たした役割には大きいものがあった。諸文献などから、中世における檜皮葺の薄皮葺の発祥は一三世紀の前半と考えられるが、京都を中心に半径二五キロ圏内には、同時期に一斉に広まったものと考えられる。この時期では最も古い東寺（一二〇四年）をはじめ、宇治上神社（一二二三年）、法界寺（一二八五年)、石清水八幡宮(一一九五年)へと続く。五〇キロ圏では天理の永久寺や奈良の諸寺院(一二〇〇年代末)は早い方で、滋賀の御上神社などでは同じ五〇キロ圏でも一三五〇年頃と推定されることから伝播は遅い。

これが一〇〇キロ圏ともなると、京都を中心に東西方向で伝播のスピードがかなり違ってきている。京都から見て東南方向にあたる伊勢方面には一二八〇年から、遅くとも一三〇〇年までには到達したと思われるのに対し、西南方向にあたる高野山の山王院が一四五七年、和歌山県広川の広八幡《ひろはちまん》神社に至っては一四九三年と、同じ一〇〇キロ圏の伊勢方面と比べると一〇〇年近く伝播するのが遅い。やはり早くから開けていた伊勢と、紀伊山地を大きく迂回したり、高野山に〝駆け登る〟には時間がかかるということか。

これらは屋根工法における伝播の推定であり、社寺建築そのものの発展分化とは少し違うが、いずれにしろ京都などから大工職人が出張して施工した例が明らかになっており、京都で蓄積された技術が各地に伝わっていった様子がわかる。

たとえば、文治元年(一一八五)に焼失した勝尾寺《かちおでら》(大阪)の復興造営時に、京の木工《もく》寮《りょう》工匠として五位の位を持つ大夫《たゆう》大工の清原貞時が出かけた際に、同行した檜皮匠が常行堂や鎮守社の屋根を修復しているが、この時点では近郊の山から調達した檜皮を厚皮のまま使っている(『勝尾寺縁起』、『山塊記』)。また、貞応二年(一二二三)の高野山奥院拝殿の工事でも、檜皮大工物部為国《もののべのためくに》の記録によると、京より葺師が来て厚皮で葺いた、とある（『高野春秋』）。

それが、延応元年（一二三九）に京の関白であった九条道家によって造営された東福寺の諸仏殿や、一三世紀に行われた石清水八幡宮の一連の工事では、明らかに檜皮の仕様や納入量が変わっている（『大日本史料』四・四）。この点について建築学者の谷重雄氏も「上代の檜皮葺はかなり今日のと距りのある事、文献的に推知し得る所であるが、鎌倉時代に入つては、（中略）今日に似た工法を採る様になつたと思はれる節がある」（「石清水八幡宮社殿」、『建築史』二・三、昭和一四年）と述べており、前述した東寺や宇治上神社、法界寺の例や、次節で述べる檜皮材料の規格の推移も考え合わせると、一三世紀前半が、檜皮葺工法の一大転機であり、その震源が京都であったことは、ほぼ間違いなかろう。

かつて渡来人が伝えた大陸文化は、古墳時代以前には日本海側に一定の影響を与えたようだが、中央集権国家が誕生してからは、畿内が建築文化の中心となった。なかでも京都は政治・経済・文化の中心として、中世を通して四〇万～五〇万の人口（洛外を含める）を擁しており、当時のロンドンやパリが郊外も含めて十数万人程度だったことを考えると、波及力のある一大都市といえた。

中世の屋根革命

試行錯誤の屋根構造

一四世紀に成立したといわれる『太平記』には、「都にては、さしも気高かりし薄檜皮の屋形の三葉四葉に作り雙《なら》べて奇麗になるに……」とあり、当時の貴族や武家の高級住宅の屋根には、薄皮仕立《うすかわじたて》の檜皮葺《ひわだぶき》が固く緻密《ちみつ》に葺《ふ》かれていた様子が活写されている。

鎌倉時代はこの国の木造建築にとって、小屋組《こやぐみ》など構造材部分のみならず、実際に雨風を受ける屋根部分にとっても、はじめて現代の建築とも共通するような、画期的な技術の変化が見られた時代であった。

そもそも、わが国の木造建築は普通、軸組《じくぐみ》と小屋組によって構成されている。軸組は建物の骨格として垂直に立ち上げた柱群と、それらをつなぐ桁《けた》や束《つか》、さらには長押《なげし》や貫《ぬき》といった水平材でかたちづくられていた。小屋組はその軸組の上に乗る三角形の構造物で、棟《むな》木《ぎ》から桁や梁《はり》をめがけて肋骨《ろっこつ》のように垂木《たるき》を渡すことで構成され、その上に檜皮や柿《こけら》などの屋根が葺かれていた。

ところで、建築構造を屋根という観点から考えてみると、多少荒っぽい表現かも知れないが、古代の建築様式はほとんど身舎《もや》と庇《ひさし》だけで成立していたといっていい。柱と梁と桁でできた比較的シンプルな構造体を身舎といい、その上に屋根が築かれてその骨格をかたちづくっていた。

ところが平安時代も中期頃ともなると、「国風化」の風潮が強まってくる。貴族や僧侶などの上流階級で流行していた中国風の生活様式は顧みられなくなってしまった。その結果、「立つ、あるいは腰かける生活」は、もっぱら「座る生活」に戻ってしまった。

すると自然と建物の柱も短くなり、それにつれて庇もまた下ってきた。しかし過去の経験や雨仕舞《あまじまい》の心配などから、生活の後戻りはできない。仕方がなく、庇の上に雨水を受ける本来の屋根を別に設けたようである。

これが「野屋根《のやね》」発生の起源だといわれている。なにやら実際に見てきたようなことを書いてしまったが、このような試行錯誤の過渡期を経て、軒下から見えている化粧屋根部分と、実際に風雨にさらされている野屋根部分とが存在する二重構造となっていった。

その後、鎌倉時代に入ると、和様《わよう》と呼ばれる伝統様式の確立と発展から、化粧屋根と野屋根の隔たりはますます大きくなる。そして、寛喜《かんぎ》二年（一二三〇）に行われた法隆寺八角仏殿（夢殿）の改修あたりから、化粧屋根と野屋根の間の「懐《ふところ》」と呼ばれる三角形の隙間に、長くて太い材が桁行方向に組み込まれるようになったと伝えられている。これが「桔木《はねぎ》」（跳木）である。

「桔木」の開発

桔木は、さきに図11（六〇ページ）として示した檜皮葺屋根の断面図を見るとわかりやすいが、横から見て野垂木と化粧垂木（飛檐垂木《ひえんだるき》・地垂木《じだるき》）との間の、三角形を埋める形で取り付けられている。

発生当初の桔木は茅負《かやおい》の先までは伸びておらず、野垂木を跳ね上げる構造となっていた。その後、改良が加えられて、枘《ほぞ》によって茅負と直接つなぐことができるようになった。桔木の先端は軒先に達して、茅負とつながって軒先を支え、根本は棟と桁の真ん中にまで至るようになったわけである。

さらにいえば、桔木は天秤《てんびん》の理屈によって、桁の位置を支点として軒先と棟の両側に跨《また》がった状態にある。こうして屋根の重量で押し下げられた桔木、挺子《てこ》の原理で桔木《はねぎ》枕《まくら》（桔木の中間あたりを支持する材）から先を跳ね上げる。その結果、軒先は力に満ちた曲線を保つことができるようになり、ひいては深い軒構造が可能となった。そのほかにも「出《だ》し梁《ばり》」「力垂木《ちからだるき》」「丸桁桔《がぎょうばね》」といった桔木を補完するような手法も次々と開発された。

小屋組は頭貫《かしらぬき》という横架材でつながれた柱によって軸組と結合される。柱の上部には枘が造られ、大斗《だいと》、巻斗《まきと》などが載って屋根全体を支えるようになる。小屋組の中でも軒構造は奈良時代には「梁作用《はりさよう》」を用いてきた。梁作用とは、支点と支点との間に梁を渡すことによって、支点間にある荷重を支持させることをいう。一方の支点を越えて梁を延ばしていけば、天秤の原理のように支点の外側の荷重も支えることができる。

地垂木の上に飛檐垂木を重ねた二軒《ふたのき》や、軒先に斜めに入れる尾垂木《おだるき》、尾垂木を支持する組物《くみもの》など、梁作用を利用したさまざまな工夫がなされてきた。中世以降にその有効性が広く知られるようになる桔木も、この考えの延長線上の産物である。

日本建築の小屋組は「和小屋《わごや》」と呼ばれ、古来からの比較的勾配の緩い檜皮葺《ひわだぶき》、柿葺《こけらぶき》の建物にも多く用いられてきた。小屋裏には多くの梁や束など後世の補強があったが、この構造では水平からの力に弱いのが欠点だった。瓦葺などの場合は荷重が大きく、当然、小屋組を強固にする必要があるが、檜皮葺の場合は葺材の重さが瓦の約三分の一であり、柿葺の場合は約七分の一ですむ。軽いという特徴を生かして、軒の出を深くすることもできた。また、建物を優雅に見せ、なおかつ建物自体を雨などから守るというメリットも大きかった。

このようにして、建物の軸組の上に構成される小屋組が、その内側から屋根の美しい曲線を作っていった。

変わる造形

一方、檜皮葺の葺き方については、薄檜皮といってもその内容から推察すると、葺厚のことを指すのではないようだ。あえていえば檜皮そのものが洗《あらいかわ》皮、綴《つづりかわ》皮といった皮拵《かわごしら》えの工程を経て、薄くとも丈夫で見た目もよくなってきたことを意味するものと思われる。

野地に関してももっと古代においてはもっと単純で、藁縄《わらなわ》、苧縄《からむしなわ》などの縄括《なわくく》りが主流であり、野木舞《のこまい》を垂木《たるき》にゆわえるために大量の縄類が使われた。

一三世紀に入ると葺きの技術も向上し、竹釘《たけくぎ》や鉄釘なども古代と比べ、比較的潤沢に使えるようになった。ただ、檜皮自体の洗練度という点においては、いまだに古代の影響を色濃く残しており、檜皮加工技術が粗末でぼってりと厚い仕上げ状態だったようだ。押縁《おしぶち》の数や竹釘の使用量も近世と比べればまだまだ少なく、葺き斑《むら》も目立ったが、檜皮葺に対する需要が徐々に改良を促した。

また、檜皮葺が一層洗練されてきたのは、材料そのものの規格化や、加工度の向上が大きな力を発揮したものと思われる。『延喜式《えんぎしき》』（延長五年〔九二七〕）によると、長さ三尺三寸の囲いの中に納まる量を一囲《い》としたとある。一囲の周径は古代においては一定していたようで、『平安遺文』（永承四年〔一〇四九〕）に見られる東大寺の屋根葺替《ふきかえ》にあたっても「三尺檜皮百囲」とあり、長さも周径も三尺であった。

その後、中世に入ると「紀伊国符案」（元久元年〔一二〇四〕）には「比皮卅并　五尺并縄定　分米四石二斗」とあり、他にも同様の例が多く見られることから、周径の主流は五尺締めとなったと考えられる。

さらに一囲の長さについては『延喜式』では三尺とあるが、『永久寺鎮守造営日記』（文永七年〔一二七〇〕）には「檜皮二百囲　十貫五十丈　五尺囲縄定二尺五寸」とあり、下って高野山文書の中の「山王院二御殿并惣社上葺勘録状」（康正三年〔一四五七〕）にも「檜皮葺下用分　十八貫六百四十八丈　檜皮長二尺二寸長二尺五寸　二百五十四結長檜皮二十九結二御殿」という記述がある。また同時代の『大乗院寺社雑事記』（長享元年〔一四八七〕）の一二月二七日の条によっても「一、二階（堂）葺方注進　檜皮二尺五寸縄一皮」とある。

以上の文献などから考えてみると、古代では檜皮の長さを三尺とし、周径は三尺締めないしは三尺三寸締めとなる分量を一囲とする材料規格が一一世紀中頃までは続いていたと考えられる。その後、一二世紀に入ると、檜皮の長さは二尺から二尺五寸へと皮長が幾分短くなっているが、逆に周径は三尺から五尺締めへと太くなっており、総じて一囲あたりの重量は約二倍になったと思われる。

このように材料の規格が統一されると、屋根の厚さも徐々に薄くなり、葺足は狭くなって重なりの枚数は増えていったと思われる。少しくらい鬼皮（表面が硬くなり変形した皮）がついていたり、厚みに斑が生じても、檜皮はそのまま葺かれていたものが、厚みを一・五ミリ程度に均一に揃え、表裏ともよくこそげて葺足を小さくすると、足並みも美しく仕上がるようになってきた。

また、雨の流れる方向に従って足並みに変化を作り、優雅なカーブを描く個所も出てきた。軒付であれ平葺であれ、屋根の構成で最も要求されるのは線の美しさである。軒の反《そ》り、破風《はふ》の反り、隅《すみ》の背《せ》の反りと、直線と曲線の交差が美しい屋根を作る。

ちなみに筆者などは永年の経験から、屋根の美しい曲線を決めるのには、鎖を垂れ下がらせながら張る時にできる曲線、難しくいうと「懸垂《かけだれ》曲線」を利用することが多く、この曲線はひもや縄の両端を持って垂れ下がらせるときなどに、ごく自然に現れるものだ。仏像や僧侶がゆったりと着ている袈裟《けさ》衣《ごろも》のたるみ方や、数珠《じゅず》の垂れ下がり方にも見ることができる。

こうして鎌倉時代の匠たちは、桔木によって永年の屋根荷重の桎梏《しっこく》から解放されるとともに、葺材を一層洗練して精緻な屋根を葺き上げることができるようになった。これこそ、実用と造形美が一体化した屋根革命の時代の到来といえるものであった。

木割と規矩を読み解く

木割制の誕生

近世以降の建築技術の発展に欠かせなかった木割《きわり》は、端的にいうと「各部材の寸法を比例関係で捉える」ことであり、木割制はそれらを組織化、体系化したものを指す。たとえば、書院造などでは柱の太さや面、さらには鴨居《かもい》や長押《なげし》などの大きさや間隔なども、関数的に決まっていった。

古代からこれらの技術は部分的には存在したが、体系的に完成したのは桃山時代になってからだといわれている。江戸時代以降では、幕府棟梁《とうりよう》を務めた平内吉政《へいのうちよしまさ》・政信《まさのぶ》親子が書いた『匠明《しようみよう》』（慶長一三年〔一六〇八〕）が最も有名である。『匠明』は中世末から近世初頭にかけての建築設計技術を具体的に記述したものとして、長らく大工職人などにバイブル視されてきた（図14）。

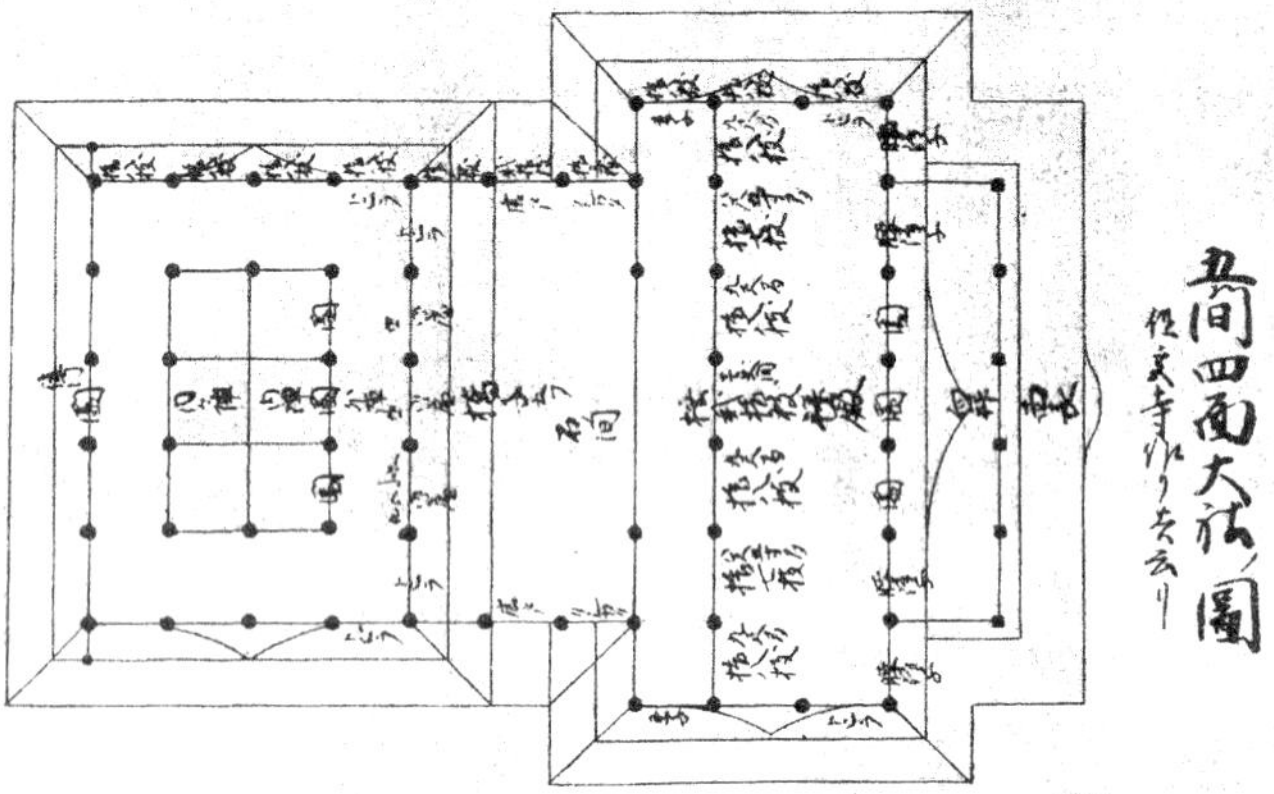

図14　五間四面大社ノ図（『匠明』社記集より）

平内父子は和歌山の根来《ねごろ》の出身であり、吉政は父の為吉とともに豊臣秀吉に仕えて、聚《じゅ》楽第《らくだい》や豊国廟《ほうこくびょう》などの仕事をしている。また、政信は徳川に仕えて幕府大棟梁にまでなった人物である。『匠明』はこのように近世に活躍した匠が、蓄積した技術を集成し、後世に伝えようとして編んだものだった。

『匠明』は「殿屋集」「門記集」「堂記集」「塔記集」「社記集」の五巻からなり、この中には「矩術《くじゅつ》」や「隅矩《すみがね》」などの言葉も見える。各巻には邸宅・門・堂・仏塔・神社の設計方法が述べられており、建築様式ごとの木割も記されている。しかも、これらは中世以前の考え方とはあきらかに違う。近世に入ると木材の規格化も進み、中世以前の規矩術《きくじゅつ》はもはや顧みられなくなってしまった。ここに中世と近世の技術の大きな断絶ができたようである。

『匠明』において特筆されるのは、工匠の能力や設計の実例、参考例といった個別的な分野だけではなく、木割に基づいた設計方法を通して、社寺建築や殿舎の典型的な配置計画をはじめ、あらゆる建築の種類や様式に適用できるように考えられていたことにある。『匠明』をはじめとして、多くの木割書が現在残されているわけだが、既存の建築設計手法を集めて汎用化することは、当時の多くの工匠が世襲の技術だけでなく、さまざまな建築設計と施工を自由にこなすことが求められていたことを物語っている。

このように、木割は一定の造形における担保として機能し、同時に大工職人が同時に設計をこなすことにも役立った。ただ時代が下がるにつれて、墨守《ぼくしゅ》すべき単なる形式といった側面も持つようになり、匠が細部意匠にのみ関心を寄せていく一因になったともいえる。

新しいモノサシ

ところで、わが国の建築は部材同士を接着させることなく、継手《つぎて》や仕口《しぐち》で組み合わせて成り立たせてきた。こうした部材の組立や接合といった生産方法を、中世以降どのようにして発展させてきたのであろうか。その要因としては、部材の生産加工段階に一定の法則を取り入れ、非熟練者といえどもマニュアルに従えば、部材寸法が自ずから決まるようになってきたことが大きかった。

さらに言えば、各部比例による形式美が重要視されるようになり、寸法決定における審美的な要素が生産方法を規定することになった。部材を加工して手際よく所定の位置に取り付ける方法としては、まず軒廻りや妻飾りなどを実寸で描き、これを型板に写し取る必要がある。その型板を木材に当てて、墨付けしたうえで材料を切ったり削ったりするわけである。このような現存引き付け、墨付け、取り付けに至る一連のプロセスに必要な技術を、私たち職人は指金《さしがね》使いとか曲尺《かねじゃく》使いと呼んできた。

ただ、従来の設計技術に関する研究は、ややもすれば規矩《きく》や木割の規則性、そして遺構との比較に終始していたのではないか。その意味からも古代から中世、さらに近世に至るこれらの技術の断絶や継続が、どのように行われてきたのかも探る必要がある。

たとえば建物との関係でいえば、社寺などの木造建造物はその構造が大変複雑であるといえた。柱上に組物などを載せることで軒の出を深くしたり、屋根にも反りやむくり（屋根が曲面で上向きに反る）を付けて曲面としてきた。そもそも日本の木造建築は、柱や梁《はり》、桁《けた》、隅木《すみぎ》、垂木などの各部材が、水平や垂直、また屋根の傾斜に従って斜めに配置され、互いに立体的に交わるのが特徴である。また、長大な材は同種の材を使って継ぐことも多い。しかも化粧材は外部に露出しているから、仕口《しくち》や継手《つぎて》は当然ながら精緻であることが求められてきた。

特に屋根部分には、直線形の隅木と垂木による「真隅《ますみ》」、また隅木が桁に対して四五度にならない「振《ふ》れ隅《ずみ》」、さらに垂木そのものに反りがあったり、地垂木《じだるき》と飛檐垂木《ひえんだるき》の二軒《ふたのき》の構造と、いくらでも複雑なものができる。こうした建物のかたちを設定する際の平面の大きさ、屋根の高さ、軒の出といった屋根職人にも関係の深いモノサシが木割制であり、それらの基準を成したものが次に述べる「規矩」だった。

規矩は王道か

規矩については、正徳三年（一七一三）刊行の百科辞典である『和漢三《わかんさん》才図会《さいずえ》』によると、「規」がブンマワシ（コンパス）を指しており、「矩」がサシガネのこととある。これらは竹を割って扠《さ》（股）を作ったようだ。心棒になるほうは先を尖《とが》らせて真っ直ぐに立てて、もう一方の枝に筆をつけて回転させるとコンパスの働きをした。

また、古来より「規矩準縄《みずばかり》、即ち王道なり」という言葉がある。「準」は平らかを意味し、水盛りを測る道具を指す。「縄」は墨壺《すみつぼ》の墨糸《すみいと》のことである。かの孟子も「規矩持たずんば、方員《ほうえん》能わず」と述べているが、いずれも物事が正しく納まるということであり、「規矩準縄《じゅんじょう》を正す」といえば、物事に筋目折目をきちんとつけるという意味であった。

古代の技術については、宝亀六年（七七五）の銘刻がある「大安寺碑文」に、「工程規矩」などの文字が見られる。これは測量術の一種で、伽藍の地割などがなされる際に用いられたようであるが、詳しいことはわからない。これも一〇世紀に入ると、規矩に関する技術に触れたものはかなり増えてくる。

源《みなもとの》順《したがう》が延長八年（九三〇）に編んだ『倭名類聚抄《わみょうるいじゅしょう》』には、「曲尺、麻可利加禰《まがりがね》」とマガリカネを解説している部分がある。また、同時代の延喜五年（九〇五）の『観世音寺《かんぜおんじ》資財帳《しざいちょう》』にも、一尺七寸九分と一尺九寸五分の「曲尺弐勾」の説明が見える。今日でも指金《さしがね》のことをマガリガネということもあるが、『倭名類聚抄』などの平安時代の中期の作ではすでに、曲尺と書いて「マガリカネ」と読んでいたことがわかっている。曲尺、すなわち目盛りのついた「矩」がかなり広く用いられていたようである。

鎌倉時代に入ると、当時の法隆寺の僧であった顕真《けんじん》作の『古今目録抄《ここんもくろくしょう》』に、「今の曲尺は二分短し」との文言が見える。奈良時代の一尺は、鎌倉時代以降の尺度で測ると、九寸七分五厘（約二九・六センチ）から九寸八分の間であった。すなわち二分ほど短かったわけで、これは唐尺《からじゃく》（天平尺《てんぴょうじゃく》）と呼ばれて、薬師寺など主に奈良時代の伽藍に用いられた尺度である。

ちなみに、飛鳥時代に用いられ、高句麗《こうくり》から伝わったとされる高麗尺《こまじゃく》は、逆に一尺一寸七分（三五・六センチ）と、鎌倉時代以降に比べるとかなり長かった。このように同じ「一尺」といっても、長い間には伸びたり縮んだりしているわけで、これが現代と同じ寸法になったのは鎌倉時代中期以降といわれている。

では、なぜこういうことになったのだろうか。ここでは筆者の推量も含めて、少し整理してみたい。たとえば私たちの間では、法隆寺などの造営に使われた曲尺は、正倉院に伝世品として残る唐尺ではなく、高麗尺だという説が広く信じられていた。ところが、実際に柱間などを測ってみると、これが唐尺でも高麗尺でもきちんと割り切れないのである。では、一体どういう尺度をもって古代の匠たちは造営に臨んだのであろうか。

『営造法式』に学ぶ

その答は宋《そう》時代の中国にあった。一二世紀に当時の建築史家・李明仲が残した『営造法式』がそれにあたる。『営造法式』とは、一一〇三年に勅命によって編修された中国建築史上最も重要な資料といわれ、多くの建築技術を網羅した専門書である。方位と水平の決定法などの各種の建造物造営に関する記述の中に、「材」という概念があり、「およそ材をもって祖となす」との文言が見える。

「材」とは、宋李誠編『李明仲営造法式』や陳明達著『営造法式大木作制度研究』といった研究書によると、一種の規格材のようなものと考えられる。わが国でも竹島卓一博士の『営造法式の研究』（中央公論美術出版）などにいくつかの具体例が見える。

これらによると、古代の中国では使用する建物の大きさによって「材」に等級をつけ、一材は一級の建物なら九寸、二級ならば八寸二分五厘、三級では七寸五分（いずれも宋尺）と太さを変えていたらしい。一材の基準は肘木《ひじき》の断面の高さとしたというから、これでは天平尺であれ高麗尺であれ、一尺という単位そのものの基準がバラバラなのだから、きっちりと合うわけがない。この点でも、最近の研究によって想定値と実側値の誤差が、「営造方式」の援用によってかなり縮まったとの報告もでている。

いずれにしろ、古建築を修復する際には、こういった遠由《えんゆう》（古いいわれや遠い原因）までをしっかり頭に入れてかかる必要があるわけで、逆にいうと仕口や古い欠き跡、墨跡などがわかれば、その建物がどの尺度を使っているかによって、建立年代もおおよそわかるというものである。

実際の現場では、軒《のき》の反《そ》りを定め、型板を作り、墨付けを行うためには指金（曲尺）・大矩《おおがね》（直角を出すための大きな定規）・間杖《けんづえ》（目盛りをつけた長い棒定規）・墨壺・墨指《すみさし》などが使われたが、これらは大工も屋根職人も同様の道具を用いた。

規矩術は机上の理論だけでなく、実際の現場において使うことによって、部材を予定の位置に納めればよしとされた。理論的に完璧を期すというより、少々アバウトでも実際の仕事に間に合えばいいというわけだ。

このような現場風景は『春日権現験記絵《かすがごんげんけんきえ》』（延慶二年〔一三〇九〕）や『松崎天神縁起絵巻《まつざきてんじんえんぎえまき》』（応長元年〔一三一一〕）、『石山寺縁起絵巻《いしやまでらえんぎえまき》』（一四世紀後半〜一五世紀後半）などに見ることができる。直垂《ひたたれ》、袴《はかま》に草履《ぞうり》を履いて間杖を持った親方や、指金、墨壺、準縄などが見え、当時における道具の形状や使用方法を知ることができる貴重な資料でもある。

また、これらのなかでも指金は長さを測り、直角を定めて勾配を出すことのできる便利な道具である。幅五分（一・五センチ）の長短二辺で直角を構成し、長手のほうには「表目《おもてめ》」といって、普通の尺度が刻まれている。反対側には「裏目《うらめ》」といって、正方形の対角線が$\sqrt{2}$倍になることを利用して、表$\sqrt{2}$倍の目盛りがある。

中世前期の鎌倉時代にはこれらの技術は一応完成されていたようで、一三世紀頃には垂木の割り付けから各部材のおさまりを決める「支割り」が定着した。垂木の成《せい》（上端から下端までの長さ）の和を一支とする「繁垂木《しげだるき》の支割《しわ》り」制や、さらに難しい「六支掛《ろくしが》け」なども試みられた。

その後、中世も後期になると、支割り制の完成によって斗栱《ときょう》（軒下や内部天井の回りに見える木組。組物《くみもの》ともいう）の構成が整然となり、密な加工精度を見せるようになってきた。軒の出を決めるのに、隅木《すみぎ》の面で木負《きおい》の出と垂木の真を正確に合わせる論治垂木《ろんじだるき》（腰掛《こしかけ》垂木）の制も整い、垂木の配置から木負の出や茅負《かやおい》の出を決めることができるようになった。

これは軒の出を決めるのに古代のように瓦繰《かわらぐ》りを用いた頃から見ると長足の進歩だった。軒と隅木の曲線もバラバラなものを巧妙に加工して納めていたのが、一連の隅木の曲線として、軒反りと垂木反りの合成した手法がとれるようになったのである。

木割と規矩の伝承

江戸末期の幕府棟梁《とうりよう》で、和算に堪能《たんのう》であった平内廷臣《へいのうちまさおみ》（一七九一〜一八五六）は「およそ木匠《もくしよう》は矩術《くじゆつ》を能《よ》く明《あきら》めざれば、曲尺《かねじやく》を自在に用いること能《あた》わず。社祠堂塔楼閣殿屋等《とう》を造るというとも、其《その》根源はまったく唯一の曲尺より起こる。実は曲尺は木匠最第一の至宝なり」（『矩術新書《くじゆつしんしよ》』）と述べている。

延臣は平内家の流れを汲み、江戸三大和算家のひとりといわれ、木割書や規矩術の本を何冊も書いているが、嘉永元年（一八四八）に著された『矩術新書』は、指金による乗除、開平、開立《かいりゆう》や比例計算までがわかるのが特長である。

ここで述べられているのは、和算におけるいわゆる「勾殳玄《こうこげん》」の応用である（図15）。「殳」は底辺をあらわし、「勾」が垂直面を意味する。さらに「玄」が屋根の勾配部分を指し、ピタゴラスの定理さながらに直角三角形の相似形がいくつも見られる。この万能とも思える指金を使って、私たちの先達《せんだつ》も屋根を作ってきたのだろう。

古建築は隅木の勾配や、垂木と隅木の取付勾配がひとつひとつ違う一品物である。たとえば中勾《ちゆうこう》なら、玄から矩《かね》の手に勾と中勾の先まで引き通すと、向《む》う留《どめ》の投墨《なげすみ》が出る。茅《かや》負《おい》が隅《すみ》の方で曲線を描きながら、留め先で合う地点に中勾の勾配はあらわれるわけである。茅これらはいわば公理であり、理屈で考えてはかえってややこしくなる。茅負の見付《みつけ》の留墨《とめずみ》は中勾の返り勾配をとり、上の方は長勾の勾配をとる。殳と長玄を結べば、上端の留墨は自然にわかる。

　いろいろと難しいことを述べてきたが、これらが規矩術の真骨頂《しんこっちょう》ともいえる部分である。こうした軒廻りの古い技法に、注意が向けられるようになったのは案外遅くて、昭和に入ってからだといわれている。それまでは納まりの難しい部分に関しては、その当時に見られた法則に合わせて変更されたことも、少なくなかったようである。

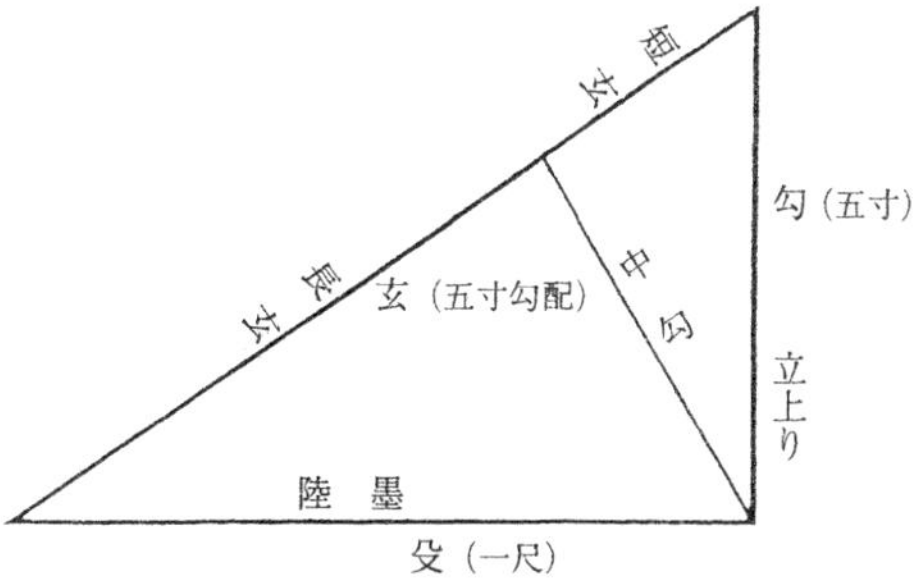

図15　勾殳玄

　一方、現場技法としての木割は、規矩の基本を元に建築を構成する各部の比例関係をどうするのか、という長い経験のうえに登場したものだ。私たち屋根職人が無意識のうちに、軒先の厚みとそれを支える柱の太さを比較して、仕事を進めているのもその名残りである。

　これは「支割《しわり》」という技法で、垂木の間隔に応じて柱と柱の間隔など他の部分の寸法も決めていくというものである。柱を立ててから、それに合わせて垂木を取り付けるのではなく、まず垂木をどういう間隔で載せるかを考えて、柱の位置を決めていったようである。最初に垂木があったわけで、それだけ屋根の構造が重要だったことを示している。

近世に入ると、社会的に偏在していた建築技術が一般にも普及する。古代から中世にかけての建築技術は、支配階級の独占するところであった。もともと木割の技術は、匠家の秘伝としてスタートしたわけだが、木割書として独自の体系化を果たした段階では、すでに中世的な方法と異質な内容となっていた。

特に屋根回りの技法は、上古の時代に大陸から建築技術とともに伝えられ、千数百年を経て近世には規矩術の体系を完成させた。また、それまで一部の特権的な棟梁の家系に独占されていた建築設計の能力と権利は、近世の地縁血縁的労働組織の変革とも相まって、数値と言葉による一種のマニュアルとして、爆発的に普及したのである。

このように、匠の先人の経験に裏打ちされた日本古来の実用的な技術が、どのようにして生まれ、現場の実践の中でいかに継承されてきたかを、改めて虚心に検証すべき時に来ているのではないだろうか。

語られなかった海外神社の時代

海を渡った神々

現代の職人は、海外へも無理矢理に行かされる。「今の時代だ。世界中どこに行ったって、寿司も天ぷらも麵類もあるから」などと、ゼネコン担当者の女衒《ぜげん》なみの甘言《かんげん》に乗って、スーツケースに地下足袋を詰めた気のいい職人は、機上の人となる。

戦争と職人

その仕事の多くは、海外における日本庭園《ジャパニーズガーデン》内の数寄屋などの屋根葺《ふき》か、そのメンテナンス、あるいは各宗派が建てる「海外布教拠点」がらみの工事が多い。

このように近年こそ、海外の仕事も比較的気軽に出かけられるようになったが、明治もなかばの日清戦争の頃から、太平洋戦争の敗戦に至るまでの五〇年は、多くの職人が水《みず》杯《さかずき》を交わして渡航するといった命懸けの時代であった。これらについては、朝鮮半島から中国大陸、さらに台湾、樺太（サハリン）、はては南洋の島々と、戦火の拡大につれて職人たちが次々と外地に動員されていった記録が残されている。

私の生家は江戸時代中期の明和八年（一七七一）の創業といわれ、代々、屋根職を継承して私で一〇代目になる。明治二二年（一八八九）に家業を継いだ七代目の源次郎は、私の曾祖父にあたるが、どうも山っ気のあった人らしく、あちこちに手を出したうえ、一時は破産状態にあったとも聞く。その山っ気のひとつが、海外における神社建築に携わることだったようである。

源次郎は幼名を（水野）豊吉といい、幕末の万延元年（一八六〇）中年二月五日に、滋賀県神崎郡五個荘町小幡に生まれている。六代目に男子がいなかったため、当家に婿養子に入り、明治二二年（一八八九）に正式に七代目を継承している。

源次郎が主に海外で仕事をしたのは、明治三〇年代なかばから、大正初めにかけてである。日本の版図が拡がるとともに、海外にも仕事の場を求めている。最初は明治三四年（一九〇一）年から翌年にかけて、台湾神社（後の台湾神宮）の造営に携わったのを皮切りに、台湾でいくつかの神社屋根を手掛けたようだ。当時、台湾の高雄には、親族の一家が子供の喘息《ぜんそく》の転地療養のため滞在しており、何かと便宜を図ってもらえたらしい。同四二年（一九〇九）には大連神社（関東州）や遼陽神社（満洲）、同四四年（一九一一）には樺太神社、さらに大正四年（一九一五）の鉄嶺神社（満洲）と、次々に屋根関係の下請業者として自ら出向いたり、職人を派遣している。

当時の海外神社における設計・施工の流れは、まず中央官庁（のちの内務省神社局や神祇《じんぎ》院《いん》など）から、基本設計にあたる内地の神社専門の民間設計事務所に、案件が下されるのが一般的であった。その設計案をもとに、各地の総督府など植民地政府の現場技術者が、その国に合わせた特徴的な若干のディテールの修正を加えたうえで、施工監理までを担当するのが一般的だった。

実際の施工は、内地および植民地の土木建築業者が一括して請負い、末端の専門業者に仕事が流れてくるという図式だった。七代目はどうも、その流れの一角に喰い込もうとしていたようである。

ところで、明治、大正、昭和（終戦まで）における「神社」の国家体制の中での位置付けは、国家の宗祀《そうし》であり、祭政一致の姿を現出したものと考えられていた。神社は明治の神社合祀以降、明治三九年（一九〇六）には一九万余社あったものが、昭和一七年（一九四二）には一一万社弱にまで減っている。

これは神社の存在が重要視された近代において、一見その流れに逆行するかのようであるが、これも「国家の宗祀」にふさわしくない小さな神社が、合祀《ごうし》の名のもとに整理統合された結果と見ることができる。

その点、海外の神社に限っていえば制限は緩やかであり、むしろ海外では「日本人の行くところに神社あり」などと言われたように、神社の数を増やしてこそ敬神の思想は普及するものと考えられていた。

近代の海外神社

海外神社はその建立時期によっても、神社の性格や規模、社格、祭神などが微妙に変化していったと言われるが、これらのことを一応、明治、大正、昭和に分けて俯瞰してみると、次のような傾向が見えてくる。

まず、明治期の神社には対称的な二つの流れがあった。そのひとつは官製の大型神社で、日清戦争を契機にして設立された台湾神社、日露戦争後に建てられた樺太《からふと》神社などがこれに当たる。内地と違い、その後に台湾や樺太に相次いで造られた大小さまざまな神社は、いずれもこれから分祀《ぶんし》したものを祭神としているのが特徴である。

一方、この時期には朝鮮半島などで多くの小規模な神明造《しんめいづくり》の社《やしろ》（というより小祠《しょうし》や神宮《じんぐう》遥拝所《ようはいじょ》レベルの施設）が、日本人移住者によって建てられており、いずれも現地での新たな「鎮守《ちんじゅ》」や「氏神《うじがみ》」の萌芽として機能していた。これらの社はそれぞれの地における第一期社殿と考えられ、その後は入植者の増加などによって境内地の拡大や建て替えなどで、第二期、第三期と社殿も拡張されている例が多い。

大正期に入ると、内地では明治天皇を顕彰するために、全国から大工職人が大量に集められて、明治神宮が創建されている。明治神宮では、当時の東京帝国大学教授で、明治神宮造営局工務課長を兼務していた伊東忠太《いとうちゅうた》博士が、「檜皮葺《ひわだぶき》の流造《ながれづくり》」を強く主張。「神明造《しんめいづくり》の銅板葺」に固執する軍部などの「復古」派を寄り切っている。

この時代の海外神社の代表格は、なんといっても海外神社唯一の勅祭社であった朝鮮神宮である。朝鮮神宮は当初の社号を朝鮮神社といい、祭神は天照大神《あまてらすおおみかみ》と明治天皇であった。朝鮮神宮は明治天皇の崩御直後の大正元年（一九一二）から朝鮮総督府が準備をはじめており、八年の歳月と、当時としては破格の一五〇万円の総予算を計上することで、満を持して取り組んだ例であろう。

ところで、大正時代の神社設立のいまひとつの特徴は、当然ながら大正天皇の即位を契機としたものが多いことである。満洲（現在の中国東北部）の新京神社（大正四年）、奉天神社（同四年）、朝鮮の開城神社（同五年）、海州神社（同七年）などがそれに該当する。やはり戦争による版図の拡大と、天皇の代替わりが海外神社設立の主な動機になっていることがわかる。

この時期の海外神社の特徴は、植民地の中でも比較的大きな町に造られていることが多く、その意味で「都市型民間神社」の時代でもあった。そして、これらには植民地経営の中核であった鉄道会社や、拓務《たくむ》会社などからの高額寄付が中心となって支えた構図が見てとれる。もちろん造営費の主体は、各総督府をはじめ地元地区組織の経常費からの支出であるが、なかには地元有力企業に混って〇〇遊廓組合事務所とか、△△置屋業組合からの寄進も散見され、興味深いものもある。

昭和期は、昭和三年の「張作霖《ちようさくりん》爆殺事件」ではじまった。次いで昭和六年の満洲事変、同七年の上海《シヤンハイ》事変と風雲急を告げるような激動期になると、海外神社は統治のための手段としての側面をいっそう強めてくる。すでに海外神社に関する最低限度の関係法規すら、国策に沿うかたちに歪曲《わいきよく》されており、特に朝鮮、台湾、樺太については強い統制のもとに置かれていった。

神社の新設も、中国大陸の奥地や南方の島々まで拡がる一方、満洲などではかつての朝鮮半島のように、多くの小規模な神社が建立されていった。これらは「鎮守」や「氏神」といった素朴なイメージからは離れ、小さくとも国策とは不可分の存在になっていった。

そして、海外神社の殿《しんがり》は、関東州旅順《りよじゆん》に建立された関東神宮であろう。例によって天照大神と明治天皇を祭神に祀るはずであったこの神社は、すでに敗色の濃かった昭和一九年一〇月末に突貫工事でなんとか鎮座祭にまで漕ぎつけたが、時すでに遅く、神社としての機能を十分に発揮できないまま、敗戦によって活動を停止し、その後、解体破却されている。

神宮から民草の社まで

このように神社といっても、国家的要請に基づく神宮タイプから、神社と呼ぶのさえかわいそうなバラック作りトタン葺の祠《ほこら》まで多種多様であった。だがいずれにしろ、戦火の拡大や天皇の代替り、さらに植民地への入植者が増えれば、その拠《よ》りどころたる神社も増えるといった海外神社の図式は敗戦まで続いた。

ここまで主として見てきた神社は、国が直接的に管理補助にあたった「官社」や、「諸社」と呼ばれた民間神社の中でも「府県（道）社」や「郷社」などの比較的規模の大きな神社が中心であった。これらは本殿《ほんでん》をはじめ幣殿《へいでん》、拝殿《はいでん》、手水舍《ちょうずや》、鳥居、玉垣など社殿一式が完備されたものも多く、中には諸社であっても大連《だいれん》神社のように、神社ヒエラルキーの頂点であった伊勢神宮の神材（古材）を譲り受けて建立に及んだものもあった。これらについては、当然ながら本職の大工職人が内地から出向いて施工したものであった。

一方、「民草《たみくさ》の社」などとも呼ばれた無格社や、非公認の小祠や遥拝所も数多く作られた。初期の頃に創祀した例は、比較的造営費にも余裕があり、かつ船の便のいい沿岸部の神社に多かった。内地で専門職が作って丸ごと運ぶか、いくつかの部材にバラして現地で組み立てる方法が主流であった。

丸ごとといっても、神明風の見世棚造《みせだなづくり》（一間社《いっけんしゃ》）程度の小振りな社殿の場合は、千木《ちぎ》や堅魚木《かつおぎ》のみを取りはずしておけば、身舎《もや》の前面の庇《ひさし》の部分に供物を供える板張りの棚（見世棚）があるだけで、前部の階段などはない様式なので持ち運びは簡単であった。お社《やしろ》の回りを丸太などで井桁《いげた》に組んで、お神輿《みこし》さながらに人海戦術で担いで運ぶことができた。

また、満洲などの奥地では、近隣の屯《とん》（開拓団集落）などから神社建築の経験の乏しい町家大工出身者が集められた。彼らは一枚の青焼きの図面を渡され、あとは「善《よ》きに計《はか》らえ」だったので大いに困ったようだが、近くの神社の見学をするなどいろいろと試行錯誤した結果、それらしいものができたという。

満洲の開拓団神社の大半が神明造だったというのも、復古調の意図というより、直線ばかりの簡単な社殿のほうが扱いやすかったという、より単純な理由からかも知れない。

では、以上のことを頭に入れてもらったうえで、多少危っかしいご先祖とともに、海外神社の様子を今少し詳しく見てみよう。

海外神社の実態

コロニアル建築としての神社

近代における海外神社建築を考える時、内務省神社局の資料が敗戦時に焼失したり、実際の設計にあたった国内の社寺専門の建築設計事務所の図面なども散逸している現状では、正攻法による調査はまことに難しい。

わが国の近代建築の研究といえば洋風建築が中心であり、一九七〇年代に入ってやっと近代和風建築の研究がはじまった。そのため海外神社についての建築史的研究はほとんど進んでいないのが現状である。加えてこの分野には次のような研究上の隘路《あいろ》がある。

1　前述のように具体的資料が乏しいだけでなく、海外神社そのものが取り壊されていて、実測などフィールド・ワークが不可能。

2　「侵略」「植民地」「国家神道」といったネガティブなイメージのため、文字通り「触らぬ神」に近寄る研究者がいなかった（建築史領域以外の「海外神社史」分野では、いくつかの研究業績が公《おおやけ》にされている）。

3　「明治以降の神社建築は、近世までの建築様式を単に継承しただけで、特に見るべきものはない」との考え方があり、どうしても中世などの国宝・重要文化財クラスの神社に関心が向きがちであった。

一方、数少ない海外神社に関する建築史的論議を聞いていても、

①　神明造など内地のコピーを直輸出した。

②　内地の神社の限界性を照射するために、外地の神社の「実験的先進性」は評価する。

③　現地の建築との折衷《せっちゅう》をどのように捉えるかの議論や、現地風の造作をエキゾチックに感じる。

といった具合で、支配者側の論理というか、座標軸から一歩もはずれることはなかった。ただよく見れば、この時代に作られた神社は、海外神社に限らずデザイン的に優れたものもあったことは認めていいであろう。戦後の海外神社の研究は「皇民化の手段としての神社」といった観点からのみなされることが多く、神社建築に限らず建築デザインとイデオロギーを混同あるいは同一視して、まるごと否定してしまうことは、逆の意味で一抹の

危うさを感じる。
こうした観点は、ともすると研究の方法や方向を限定してしまうし、皇民化政策の手段という結論が先にあると、新たな問題の発掘の障害にもなりかねない。また、その時期だけ日本の神社建築史が空白になるというのは、施工側の人間としては困るのである。
ところで、海外神社は終戦時には六五〇社以上もあったといわれているが、一口に海外神社といっても、様式も規模も社格もまちまちである（表3）。これらを地域と様式別に筆者なりに整理したものが図16である。では、上は官幣大社から下は無格社や非公認神社までどのようなものがあったのか。次の「海外神社の年代別・地域別棟数の推移」（表4）を見れば一目瞭然ともいえるのだが、これには次のいくつかの前提がある。

註一――本図表は『古事類苑神祇部』（一九二八年）、『日本社寺大観神社編』（一九三三年）などを参考に、建立が特定できた神社のみを統計の基礎とした。

註二――満洲国の関東州においては、「建国神廟」「建国忠霊廟《ちゅうれいびょう》」といった国家的要請による建物以外に、都市部を中心とした「半官半民」のような規模の大きな神社、さらに在郷軍人主体の武装移民を中心に入植者たちに勧請《かんじょう》されるかたちで、多くの非公認・未登録神社などの民社が創建されているので、これらもわかる範囲で記した。

註三――台湾については、末端では地元の墓廟・王祠などから日本風の神社へ改編・同

図16-1　哈爾賓護国神社（A―①タイプ）満州北東部

図16-2　大連神社（B―①タイプ）満州南西部

図16-3　高雄神社（B―④タイプ）台湾南部

台　湾	中国・樺太・南洋その他

多かった．

石門，東勢	長政(タイ)，暁(インドシナ)，昭南(シンガポール)
	テニアン，マーシャル，カラベラ，夏島，南洋，昌南など(以上南洋)

殿以下の各社殿が揃っていた．

台湾，台東，膨湖，台中，台南，桃園(現・桃園縣忠烈祠)，鵞鑾鼻など	天津，保定，北京，長新，厚和，大原，唐山，石家荘，龍口，張店(以上中国)
台西，大武，恒春など	上海，松江，靖亜，徐州，漢口(以上中国)，権現造(特殊形式)―樺太，樺太招魂社
	豊原，真岡，亜庭，知取，恵須取，泊居，大泊，敷香，内幌，内泊など(以上樺太)
蘇澳，新城，彰化	青島，福州，広東，坊子，済南，開封，廈門など(以上中国)
高雄，基隆，嘉義，宜蘭，東港，淡水，屏東，開山(千鳥破風付)など	蘇州，新郷(以上中国)
阿里山	彩帆(サイパン)
建功(廟をそのまま使用)	

表3　海外神社の様式と分類

様式＼地域	満洲国・関東州	朝鮮半島
◎本殿のみの場合――本殿と鳥居のみの簡素な造りで，屋根も鉄板や銅版葺のものが		
A－①本殿(神明造)	哈爾賓護国，五常，力行，蓋平，新民，鉄嶺稲荷，建速，徳恵など	牙山，馬山，尚州，恩平，仁旺など
A－②本殿(神明造・向拝付)	白王山納骨，城子河，太夷宮，磐石，満浦，豊満，拉法，九台，福島など	密陽，二村
A－③本殿(流造)	周水，新屯，山路，蚊河，南台子，農安，黒石，郡上，山城鎮など	
A－④本殿(流造・向拝付)	新京稲荷，興京，八道河子，梅河口，西豊，劉家河など	頭老
A－⑤本殿(流造・千木堅魚木付)	新站，奶子山，大日向，北鎮，彰武，平泉，深平，大平川など	孝昌
◎本殿・拝殿形式――各地（州，道，省など）の中心となる神社で，主に檜皮葺の本		
B－①本殿(神明造)，拝殿(神明造)	大連，新京，大石橋，敦化，関水，哈爾賓(向拝付)，遼陽など	朝鮮，太田，平壌，益山，光州，江原など
B－②本殿(神明造)，拝殿(入母屋造)	鞍山（向拝付)，錦州，鉄嶺，公主嶺沙河口，普蘭店	乃木，栄州，群山(柿葺か？)
B－②改　本殿(神明造)，拝殿(入母屋造・千木堅魚木付)	奉天，安東，通化，柳樹屯，蘇家屯，本渓湖，開原，四平街など	
B－③本殿(流造)，拝殿(入母屋造)	金刀毘羅，吉林，小野田，金州，橋頭，連関山，范家屯，泉頭など	燕岐（千木堅魚木付)，羅南，鎮南浦，京城(唐破風付)など
B－④本殿(入母屋造)，拝殿(入母屋造)	営口（本殿千木堅魚木付)，泉頭，西安，阜新，承徳など	大邱，扶餘
C－①金属屋根を使用した社殿	撫順，大連（初期)，牡丹江，第一陣（旧新京)，奉天（初期)	
C－②瓦屋根を使用した社殿	千山（初期)	海州（拝殿瓦)，龍頭山(拝殿瓦)

表4　海外神社の年代別・地域別棟数の推移

地域＼年代	～1900年（明治33）	～1905年（明治38）	～1910年（明治43）	～1915年（大正4）	～1920年（大正9）	～1925年（大正14）	～1930年（昭和5）	～1935年（昭和10）	～1940年（昭和15）	～1945年（昭和20）	累計
満洲国・関東州	1	1	6	17	10	8	2	34	101	178	358
朝鮮半島	2	2	5	2	26	6	7	1	9	14	74
台湾	1	1	2	9	4	4	6	26	8	7	68
中国				2	3		2	4	26	15	52
樺太			3	2	3	61	27	25	5	2	128
南洋諸島							1		4	23	28
その他					1		1		2	10	14
合計	4	4	16	32	47	79	46	90	155	249	722

化したものがあったが、その中でも同化が不徹底なものが散見されたため、ここでは公認神社であった六八社のみの統計とした。ただし「御遺跡所」のかたちで、地元有力者の邸宅などを改造したもの（初期の台南神社など）は基礎数に含めた。

註四――中国（当時の支那）の範囲は、現在の中国領土からチベット自治区、青海《チンハイ》省と四川《スーチョワン》省の一部、シンチャンウイグル自治区、内モンゴル自治区、回族自治区の大半、旧満洲国を除く地域とした。

註五――南樺太（北緯五〇度以南）はポーツマス条約の発効（一九〇五年）から敗戦までの四〇年間は、国際法上も日本に割譲されており、当時の日本の国内法が適用されていたことを前提としている。

アジアの神社様式

まず、これらの表を見て感じることは、明治大正の朝鮮半島で伊勢神宮を模した神明造の小さな社（本殿のみ）を集中的に建てた時期以外は、技術的に内務省神社局が植民地にある種のプロトタイプを押しつけたというより、現地との「宥和策《ゆうわ》」を優先している様子が見てとれる。

管見によれば明治二八年（一八九五）に台湾が植民地化されたあと、明治三〇年に台南に建立された開山神社が台湾における海外神社の第一号である。

開山神社は、元は一八七五年に福州式建築の祠として建てられたものだが、途中で開山神社と改称され、戦後取り壊されるまで続いた神社である。開山神社の祭神は中国明代末の遺臣としてよく知られた鄭成功《ていせいこう》（一六二四～六二）であり、彼は清の打倒と明の復興のために戦って三八歳で死んだ漢民族の英雄だった。また彼の母親が肥前平戸出身の日本人であったことから、当時の日本政府にとっても現地に馴染《なじ》みのない定型の神社神道の神々より現実感があり、対清戦争の末に台湾を獲得した立場からも恰好の伝説作りの素材となった。

明治三〇年の改称のあとは日本風の改築が試みられ、当初の廟風の建物が徐々に「和風」に変化していった。特に大正四年（一九一五）には建物の移動をともなう大改修が行われ、拝殿や社務所が新築されるなど、ますます日本風になっていく。

拝殿は二間×三間で柱間を床まで吹き放ちとした。屋根も檜皮葺の入母屋造《いりもやづくり》として、正面と左右の側面に千鳥破風《ちどりはふ》をつけた本格的なものであった。台湾において最盛期には、伊東忠太が設計した官幣大社台湾神社（一九〇一年・後の台湾神宮）をはじめ、六八の公認神社があった。

また、「満洲国」における最初の神社は明治四三年（一九一〇）に建立されており、満洲事変（一九三一年）の頃には関東州を中心に四四社がすでにあった。満洲国が愛新覚羅溥《あいしんかくらふ》儀《ぎ》の帝政になった一九三四年には二〇〇社を超え、昭和一五年（一九四〇）に天照大神を祀った「建国神廟」の鎮座祭に溥儀が出席した頃には、三〇〇社を超えていたらしい。

実は、この正確な神社数や設立年というのは存外難しい。祠《ほこら》や遥拝所《ようはいしょ》が改修されて神社になったものもあれば、同時代に満洲に進出していた宗派に土地を融通してもらったり、神道系教派の施設を信徒ごとそっくり転用した例もあった。小さくともその地に根づいた時点をもって神社の創祀《そうし》とするのか、神社として認可された時期をもって設立とするのかは、研究者によっても判断が違っている。

さらに樺太（現サハリン）では豊原（現ユジノサハリンスク）市旭ヶ丘に、明治四四年（一九一一）八月に官幣大社樺太神社が建立されている。基本設計は台湾などで神社設計を手掛けた伊東忠太が担当し、樺太庁建築課の監理のもとで遠藤米七らが施工した。構造は権現造《ごんげんづくり》をモチーフとした標準設計が使われていた。

当時としては全島挙げての鎮座式や上棟式《じょうとうしき》が行われており、樺太の施政記念日に合わせて大々的に挙行された。参道や鳥居も立派なもので、来島者はまずこの鳥居をくぐって参拝したものらしいが、今は見る影もない。同地には他に樺太招魂社《しょうこんしゃ》（後の護国神社）など、内務省神社局のもとで社寺専門の設計をしていた小林福太郎の手掛けたものが多い。小林が内地では数少ない権現造を用いたのは、厳寒の樺太では外気が遮断できるこの様式を理想としたからだろう。

一方、朝鮮半島では外地の神社では唯一の勅祭社《ちょくさいしゃ》が建立されている。官幣大社朝鮮神社（後の朝鮮神宮）はそれまでの新領土の総鎮守（台湾神社、樺太神社など）とは違い形式を重んじた。昭和一一年（一九三六）の神社規則の改定によって「一邑面一神社主義」（一村に必ず一神社を作る政策）に従い、各地の核となる神社も京城護国神社をはじめ、江東神社、平壌神社、海州神社、光州神社などが次々と建てられていった。それにともない内地から朝鮮に向けて職人や資材を積んだ船が次々と出航していった。

朝鮮半島では以前にも神社が建てられたことがあるといわれている。古代では三韓出兵の際に墨江大神《すみのえのおおかみ》の荒魂《あらみたま》を、新羅を護る国守神として鎮座させたと『古事記』にある。また一七世紀の李氏朝鮮の時代には、朝鮮貿易の特権を持っていた対馬藩が釜山の倭館《わかん》（居留・貿易上の拠点）内に神を祀ったり、金刀比羅《ことひら》神を祀った神社は後に龍頭山神社と呼ばれて、終戦まで約二七〇年間存続している。

近代における朝鮮の神社建築は、当初は神明造風の本殿がぽつんとあるだけの簡素なものが多かった。その後、手前に拝殿を設けることになるが、これも本殿との意匠的調和への配慮があったとはとうてい考えられない代物《しろもの》である。なかには本殿とそっくりの神明造の拝殿をもう一棟建てた安直なものもあった。

これらの多くは神明型の流造《ながれづくり》で、のちの昭和期内務省のデザインと比べると、勾配がかなり強く背も高かったほか、入口も平入《ひらいり》や妻入とバラバラで統一に欠けたものであった。

折衷主義の行方

これらが整えられてくるのは昭和一〇年（一九三五）以降である。室戸台風で全国の神社に被害が及び、その復旧のために内務省神社局の機構が拡充された。昭和一四年に要《かなめ》の造営課長に切れ者と評判の高かった角南隆《すなみたかし》が就いて、全国的に神社の実態を調査したり、設計方法の統一を図るようになる。

特に海外の神社については、社殿および神域の空間構成は日本式に標準化する一方で、建築細部の意匠や材料を現地風に設計した。朝鮮でもちょうどその時、「道社」から「国幣社」に格上げをするために全面改築が行われていた江原《こうげん》神社（江原道春川郡《カンウオンドチユンチヨン》）で試行がなされた。ここでは社殿の本部を朝鮮風の「曲線丹塗」としたり、斎館社務所に至ってはオンドル式の暖房設備まで導入している。

この方式が「朝鮮人に評判がよかった」とされて、これ以降は扶余《ふよ》神宮や海州神社など後続する大型神社には、この方式が多用された。施工ルートも改められ、神社局造営課（監理指導）―内地設計事務所（基本設計）―各総督府技術者（現場管理）と、一元的な体制がとられるようになった。このようにして大陸方面のみならず、アジア各地にも暁《あかつき》神社（インドシナ）、昭南《しようなん》神社（シンガポール）、長政《ながまさ》神社（タイ）、南洋《なんよう》神社（パラオ諸島）などが建立されていった。

神社局による近代的空間の中での地域主義的運営方法は、昭和一五年（一九四〇）一一月に神祇院と改組されてからも、その設計思想は一貫していた。国内においても滋賀の近江神宮（一九四〇年建立）などは、社殿の蟇股《かえるまた》・木鼻《きばな》・絵様などに、もともとの滋賀県下の神社の地域的特色が採り入れられている。これは内地の神社も海外の神社と同様に、その地域の建築的な特徴を盛り込むことで成り立たせようとしていた証左でもある。

海外の神社の造立や改修を手掛けた職人にも、現地との折衷案など無理難題が持ちかけられていたらしく、内地の親方のもとに途方に暮れた職人から、屋根の最終的なおさまりを聞いてくる例も多かったという。

――その後、これらの制度は敗戦まで続くが、戦後は一変し、これらの神社は植民地主義の負の遺産として取り壊される運命になった。先の開山神社なども、戦後まもなく国民党政府の手によって元の鄭成功廟に戻され、現在では「延平郡王祠」として残るのみで、日本支配下の様子はかろうじて隣地にある「文物館」の展示物で知ることができる。

それでも海外神社の多くが破却され、跡形もないケースが多い中で、台湾の旧神社建築はよく残っているほうである。昭和四一年に『神社新報』の記者が現地を訪れて、「台湾に旧神社故地を訪ねて」と題して、花蓮・台東・膨湖以外の全県社などを調査している。その二三社のうち、日本風建築が多く残る西部の嘉義《ジャーイー》では本殿、拝殿などが残るのをはじめ、他地域でも高雄《たかお》神社、基隆《キールン》神社など六社では、鳥居など神域の一部がなお残っていたという。

内務省神社局の誕生

内務省の成立

「宗教」と「建築」の関係は昔から大きなテーマである。神社や仏閣などの宗教建築は、これまでの建築史の「王道」であったし、戦前の国家神道の体制下では、招魂社《しょうこんしゃ》（一八六九年創建・後の靖国神社）や、明治神宮（一九二〇年完成）など明治以降の建物までが、「建築的」に高く評価された時代でもあった。

ところが、戦後は評価が一変し、これら近代以降の宗教建築はある意味で、社寺建築を中心とした本来の日本建築史と、アヴァンギャルドの連続で語られる近代建築のはざまで、埋没してしまった感さえある。あの戦前の、多少神憑《かみがか》り的とすらいえる紋切り型の賛辞はどこに行ってしまったのか。近代の宗教建築は、建築的にもあまり顧みられなくなっただけでなく、一般的には近代に造られたという事実すら忘却されているのではなかろうか。

ところで、標題にある内務省神社局の源流はどこにあるのだろう。明治新政府が誕生したのは、一八六七年一〇月の大政奉還《たいせいほうかん》の二ヵ月後であり、当初は三職（総裁、議定《ぎじょう》、参与）が万機を行う、とされてきた。翌一八六八年には三職の下に内国事務所、会計事務所など七つの役所ができ、さらに明治二年にあたる一八六九年には民部、大蔵、兵部、刑部、神祇、外務といった古めかしく、いかめしい名の六省が誕生している。

この民部省がのちの内務省の前身といわれ、明治六年（一八七三）に「内務省新設の儀」が上程されると、初代内務卿の座に大久保利通《としみち》が就き、以来七〇年余り紆余曲折《うよきょくせつ》を経ながらも、戦後の昭和二二年（一九四七）にGHQ（連合国軍最高司令部）によって解体されるまで、巨大な権力を持つ官庁として君臨してきた。

戦前の内務省のスケールは、解体された時の経緯をみてもよくわかる。全国の知事の任命権を持っていた内務省地方局が自治省となったのをはじめ、警保局が厚生省や警察庁に、土木局が建設省に、社会局が労働省などに分割された。特に知事や海外の植民地執政官、高等警察官僚たちを辞令一本で動かせる力は、まさに中央集権そのものといった官庁だった。

技術官僚たち

そして、このような行政組織の中にあって、明治三三年（一九〇〇）四月二七日に勅命一三六号によって発足したのが内務省神社局であり、国内外も含めた神社の「近代的設計方法論」を展開したのが、神社局の造営部門の技術官僚たちであった。

とはいえ、当初は彼らもいわゆる一選抜の法務系事務官と比べると、しょせんは傍流であり脇役的な存在だった。彼らが国政に本格的に関与することになったのは、日清戦争（一八九四年）と日露戦争（一九〇四年）の二度の戦争を経てであり、神社局の発足によって「神社」は「宗教」一般から離れ、国家的要請のもとで特別な役割を担うようになってくる。

そして、それらの背景には政府の宗教政策が色濃く反映していた。明治維新以来、神道は国教的な位置付けを得ることによって、その概念には国家観や各宗教とのせめぎあいが露骨に反映され、神社という存在そのものも直接間接に影響を被っている。

すなわち、古代から日本社会に融合し、各地で独自の発展を遂げてきた神社そのものが、かつてない規模と速度で変貌していくことになったのである。さらにこうした神社空間の変化は、神社を国家のシンボルとして再配置するとともに、各地の神社を一種の地域行政の出先とする試みでもあった。

神社がそれまでの歴史の中で培われてきた空間から切り離されると、村の共同体で長く親しまれてきた鎮守《ちんじゅ》や神祠《しんし》が激減する。これが「神社合祀《ごうし》」であり、神社はそれまでの歴史的要素と断絶させせられ、再編されていった。

明治維新当時には、全国には一七万社を超える大小の神社があった。神社神道《しんとう》は古代以来、仏教や儒教といった高度に発達した外来の宗教と習合しながらも、わが国の宗教風土に深く根差してきた。ところが明治政府が企図したのは神道の国教化である。神社を体系立てて整理統合、そして再編することでその頂点に天皇をいただき、国家のアイデンティティを確立させることが目指された。

そのためには「神仏分離」や「廃仏毀釈《はいぶつきしゃく》」を徹底し、仏教をはじめ外来と見なされる要素を、神道から取り除くことに腐心している。全国的に寺院・仏像などの破壊や寺領の没収などが続き、仏教界は大打撃を受ける一方、中小以下の神社も強制的に抹消・合祀されて、均質で合理的、抽象的な記号として機能しはじめることになった。

まず、内務省が持ち込んだのは、新たな「神社制度」であった。明治維新の最初の宣言となった慶応三年（一八六七）の「王政復古の大号令」にもあったように、王政復古のめざしている古《いにしえ》が「神武創業」にあったことはよく知られている。これは具体的には、古代国家における神祇官《じんぎかん》制度の再興を意味していた。時をおかずして翌年には、祭政一致・神祇官再興に関する布告が出され、全国の神社神職は神祇官の指揮下に編入されていった。

さらに、明治四年（一八七一）の布告によって、国家が祭祀すべき神の体系とでもいうべきものが定められると、神社神職は国家機関となり、近世の宗門改めに変わる国家の戸《こ》口《こう》把握の手段になっていった。

新たな社格制度

また、神祇行政下では明治四年（一八七一）に「社格制度」が確立され、国が管理する神社を「官社」と「諸社」に大別している。「官社」は、官幣社、国幣社、別格官幣社などと位置づけられたが、ちなみに、官幣社とは神祇省（のちの宮内省）から供物を捧げられる格式を持つ神社であり、国幣社は国司が幣を奉る神社を指して官幣社に次ぐ社格を持つとされた。官幣社以上は原則として素木造の檜《ひ》皮《わだぶき》葺が義務づけられた。

「諸社」の方も府県社（のちの朝鮮半島では道社）、郷社、村社、無格社と地方行政との絡《から》みで規定し、それぞれに氏子《うじこ》を割り付けていった。産土《うぶすな》社レベルでも氏子調べが行われ、寺院に替わって神社が戸籍制度の一端を担うことになる。こうして国家神道の体制下で神社ヒエラルキーが確立すると、末端の神社までが国民を束ね、牽引する社会的な役割を担わされることになった。

これらはまさに一〇世紀に成立した延喜式のリバイバルであり、パロディでもあった。すなわち、「社格制度」などは超国家的な制度であり、従来の価値の尺度であった「歴史的及び学術的価値」や、「技術、造作、意匠が優れた建物」といった、建築史研究者は元より誰もが納得できる根源的な値打ちは軽視されることになってきた。

なんといっても、国家体制との距離で、神社を序列化していく格付制度であったから、へたに批判すれば不敬と見なされかねない雰囲気があった。このようにして日本の内地においては、明治の前半期に木造素木《しらき》造《づくり》で檜皮葺の神社建築が集中的に進められていった。もちろん、明治から昭和にかけてアジア各地で建立された神社とて例外ではなく、今出来《いまでき》の社殿が幅をきかせるようになるのである。

建築史学の面からしても、この時代はまことに奇妙な時代であった。政治的に神道国教化政策がとられ、神社が社会的にも重要視されたのなら、神社建築の研究も一層盛んになるはずだが、実態はむしろ逆であった。

日本建築の通史からも、この時期に神社建築の記述に割かれた紙幅は、寺院のそれと比べてもかなり少なく、この時代の神社研究は低調であったと考えざるを得ない。神社研究は内務省、寺院やその他の研究は文部省や大学との棲み分けがなされるなか、建築史研究者の良心も、皇国史観と従来の研究分野の間を揺れ動いたということか。

ただ、それとは別に純粋に技術的に見れば、戦前の内務省主導の神社建築の中にも、意匠的に優れたものがあったことは多くの人々が認めるところであり、その意味ではいかに戦時体制下に造られた建築であっても、まるごと否定するには忍びがない。

技術者と職人たちのアジア

檜皮葺《ひわだぶき》・柿葺《こけらぶき》といった分野にとっても、戦前は多くの職人が招魂《しょうこん》社《しゃ》や明治神宮（図17）をはじめ、国内の神社建設に従事した記録がある。ちなみに私の祖父・吉太郎も三年近く、大正初期の明治神宮造営に携わっており、この時の苦労話は晩年まで聞かされた。

「復古」と大陸侵出

現在の明治神宮は昭和二〇年に焼失したあとの再建で、屋根も銅板葺であるが、大正九年の造営時には「古式」や「復古」とは何かについて、多くの検討がなされた。明治神宮の造営は内務省神社局の仕事ではないが、本殿の形式や屋根の形態、配置計画などが公の場で問われたという意味で、近代神社建築の中でも重要な位置を占めている。

当時、造営を指揮した伊東忠太は、屋根に関しては銅板葺にすべきという多くの意見を

図17　焼失前の檜皮葺よる明治神宮本殿
（『建築雑誌』大正９年11月号）

退けて、「木造を是認する上は檜皮葺を是認しても差支《さしつかえ》はない」と、檜皮葺の流造《ながれづくり》を採用している。ちなみに流造についても、「特定の神社とか地方にかかわるものではないので普遍性がある」、「欠点の少なくして実行に便であり、且つ一般国民に最も親しみの深い」ことをあげている。筆者など技術的な面から見ても、かつての檜皮葺のほうがはるかに繊細でシャープな線を見せているように思える。

一方、海外へは舞鶴《まいづる》（京都府）や敦賀《つるが》（福井県）といった国内の港から、屋根葺材を伴った職人たちが、アジア各地の植民地に建立された神社に出向き、仕事をした記録がある。時の政府や軍部の意向が重視された明治大正の時代には、海外といえども純粋な日本式の神社でなければならず、軸部は素木の檜材が中心で様式も神明造と注文がつけられていたが、現地での実態ははなはだ混迷を深めていた。

海外へ向かった職人たちは、国内でもエース級の男たちであった。海外植民地での仕事という特殊な状況下で、内地の神社建築とは別の役割を担わされていた彼らは、プライドも高く腕に自信もあったので、よく外地の神社営繕担当者と衝突した。

職人の渡航が多かった満洲・関東州の神社行政ならびに造宮事業は、明治後期から大正中期にかけては関東都督府《かんとうととくふ》民政部の主管にあり、内地の内務省神社局などとの意志疎通もとれていた。関東州では明治四一年（一九〇八）に関水《かんすい》神社が、同四二年には大連神社が建立されている以外は、ほとんどが大正時代に設立されている。これらの地域には早い段階から日本人が居留しており、たしかに植民地神社ではあったが、どちらかといえば在留日本人を対象とした内向きの「氏神」タイプが多かったのが特徴であった。

この時期の社殿の構造は、比較的おとなしい入母屋《いりもや》造《づくり》や流造などで、装飾的にも細部に凝ったものが多かった。要するに神社としての風格というか、歴史的な構造上の特質をしっかりと踏まえた本来的な宗教的施設としての趣きがあった。だからこそ、職人としても自分の腕が存分に生かせると思われた。これらは各神社における第一期の建物であり、屋根葺材も多くの氏子の寄進で奉納されることが多かった。

檜皮葺の場合は、標準仕様の二尺五寸（七五㌢）の平皮が、一〇枚宛で五〇銭程度。当時、貴重品とされた銅板の定尺仕様（長さ四尺、幅一尺二寸、厚一厘三毛）の四ツ切りが一枚三〇～四〇銭とされた。奉納者は銅板の裏側に住所氏名や願い事を書いておくと、墨書した方を内側にして葺材として加工され、神社屋根の一部として葺かれる。その点、檜皮の場合は天然素材のため、無理をして墨書をするとバラバラになる恐れがあったので、氏子世話人によって奉加帳が町区単位で回されたことが記録に残っている。

軍部の干渉

これらの一見穏やかな時期も長くは続かず、大正八年（一九一九）になると関東都督府の陸軍部と民政部が「官制改正」によって、それぞれ関東軍司令部と関東庁として独立する。独立とはいっても、実質は軍とその後盾《うしろだて》であった南満洲鉄道（満鉄）の支配力が強化されたに他ならず、満洲事変以降は関東軍司令官が、関東庁長官と満洲国大使を兼任しており、これが「王道楽土満洲」の実態であった。

満鉄は鉄道と炭鉱の両事業から出発した国策会社であるが、同時に社員二〇万人を擁する一大植民地経営機関でもあった。神社の修復ひとつも満鉄とその系列会社の寄付を仰がなければ前に進まなかった。また、関東庁は独自に神社規則を定め、「関東庁令第七八号神社規則（勅命第二六二号・関東州及南満洲鉄道附属に於ける神社廟宇及寺院等に関する件）」を公布。神社規模・様式・祭祀に一定の基準を求め、「国家の宗祀」と「神社の尊厳」に達せざる神社は維持すら難しくなってきた。

他方、内地でも大正八年（一九一九）という年は、明治神宮造営局にいた角南隆《すなみたかし》が内務省の技師として着任した年であった。角南は大正四年（一九一五）に東京帝国大学建築学科を卒業後、明治神宮を経て内務省神社局に奉職。大正末期から終戦、さらには戦後の神社復興に至る神社建築設計の実質的な指導者であった。

角南が内務技師になると、昭和九年の室戸台風で荒れた国内神社の整備事業に着手したことに加え、昭和一五年（一九四〇）の近江神宮をはじめ、相次ぐ国内の大型神社の造営だけで手一杯の状態となった。当然、外地の神社にまでは手が回るはずもなく、それらは朝鮮、台湾の各総督府や関東庁、樺太庁に任せっ切りとなり、神社局の技術官僚たちは嘱託として申し訳程度に名を連ねただけだった。

こうした状況下にあって、関東庁からは新たな「神社設立内規」や「神社の社殿及境内取締に関する規程」などが次々と通達されて統制色を強めていった。

前述した大連神社なども大正末期から神域拡張計画が持ち上がり、八六〇〇坪だった境内地が三倍近い三万二四〇〇坪に拡大された。それにともない昭和二年（一九二七）から工費三三万円をかけて本殿以下の各社殿を移転新築し、すべての社殿をそれまでの入母屋造や流造から神明造に造り替えようというのであった。

なぜ神明造なのか

神明造は様式としては古く、近寄りがたい雰囲気や畏怖の念を日本人には抱かせるところがある。神明造の社殿は直線的な構成であることから、建造物としての独立性が高く、また複合化する際も妻側に小さい規模の造作を付加するくらいである。また、曲線のほとんどない構造は社寺建築の経験の少ない者でも扱いやすく、皇室の象徴とか神道国家的な要請以外の理由もうかがえる。

ただ筆者の施工経験からすれば、本格的な神明造はそう単純なものではない。社殿そのものが直線主体のシンプルなものだけに、それなりに規模を大きくしなければ造形的には貧弱になる。小振りだが精緻に見えた建物が、現場に行ってみると単に貧相なだけだったというのは茶番事である。逆に規模ばかりを追求すると、装飾が少ないこともあり、ただ大きさだけが目立つ例も多い。

もちろん、それぞれの様式の選択などに末端の大工職人の意思が反映することは少なく、国家の要請や設計技術者の考え方の前に、なかば強制されたり、心ならずも選択せざるを得なかった苦悩は察するに余りある。

たとえば、古式を尊重して伝統的な神社形式を採用するとしよう。まず最初に問題となるのが、流造や神明造といった様式の選定であろう。神明造だけでも社殿遺構などを調べるとその姿は一様でないことがわかる。当然、各部の寸法や細部の意匠が遺構によって異なる。

そもそも過去の建造物の特徴を、時代や地域によって分類することを「建築史」というならば、それができたのは明治のなかばであり、本格的に体系化されたのは戦後のことである。しかるに植民地の設計技術者は、こうした伝統技術に関する基本知識が乏しいにもかかわらず、海外での支配機関の威光を笠に着て、無理な注文の連続だったようだ。

初期の頃によくあったのは、基本設計が流造であるにもかかわらず、破風《はふ》や箕甲《みのこう》の反《そ》りをできるだけ少なくして、神明風に見せたいというものであった。たしかに流造も神明造もともに切妻型の両下《りようさげ》で、大棟《おおむね》を境に二つの傾斜面に葺き降す形をとるが、勾配も屋垂《やだる》み（棟と軒との引き通し線）も違うので、小手先の修正とはいかない。

しかも、申し訳程度に貧相な千木《ちぎ》や堅魚木《かつおぎ》を取り付けさせたり、なかには「何が何でも伊勢神宮のように堅魚木を一〇本あげろ」ということで、社殿の大きさに似つかわしくない堅魚木を載せたため、甲板《こういた》が湾曲した例もあったという。

このように、「なぜ今、神明造なのか」というきちんとした説明もないまま、海外神社の「神明化」は進んだ。この時代の神社行政を指導した角南隆は、戦後に次のように述懐している。

神明造社殿は御祭神の実情から云つて全然適合しないし、外地の環境等から見ても不似合だし、一般大衆の眼には簡粗は寧《むし》ろ未熟とか未完成の感を思はせることを主張して、檜の素木造り檜皮葺で、嘗《かつ》ての明治神宮等に似た建築形式を採る様に勧めた。

（角南隆「海外神社建築の総合的批判」、小笠原省三編述『海外神社史』上巻、海外神社史編纂会、一九五三年）

この角南の神社建築観は一貫しており、関東神宮の新築、樺太神社、台湾神社の改築や、台湾、朝鮮などの主要神社の施工にあたっても、自らの考えを押し通している。これも「神社は夫夫の土地から芽生え、其土地の住民と共に漸次生成発達すべきもの」（角南前掲書）という考え方を反映したものだったようだ。

満洲の開拓村にて

満蒙開拓団

中国残留日本人孤児たちが、肉親を捜しに来日するようになって何年が経つだろう。満蒙開拓団《まんもうかいたくだん》全体の平均死亡率が三分の一といわれる中で、孤児の多くは移民の子弟であり、文字通り〝大地の子〟であった（図18）。

昭和八年（一九三三）当時の満蒙開拓団はまだ試験的な動きで、青年先遣隊とも呼ばれた三五歳以下の在郷軍人の大半は農民の出身だった。彼らは小銃などを持った武装移民であり、「時局匡救《きょうきゅう》議会」と呼ばれた昭和七年八月に成立した「第一次満蒙開拓計画」に基づいて集められた開拓団の第一陣である。

東北六県や北関東、信越地方から集められた農家の次男坊、三男坊を中心とした「屯墾《とんこん》隊《たい》」は、かつて「屯田兵《とんでんへい》」として東北地方の旧士族たちが、北海道に入植した事実を彷彿《ほうふつ》

図18　満洲国図（1944年）

とさせた。この時期は昭和恐慌下にあって、米作農家や養蚕家《ようさんか》が大打撃を受けた。ちなみに秋田県などでは、昭和五年には当時の人口九八万人のうち二一万人が一年間の間に生活苦などで県外に流出した。また同九年には、約一万人の未婚の女性が酌婦、娼婦、芸者などに売られていった記録も残る。

いくら努力をしても自分の土地を持つことのできなかった零細農民の子弟は、「満洲に行けば一〇町歩の自作農」を合言葉に、そのほとんどがソ連と国境を接する満洲北部や東部に入植することになった。内地を出発するに先立って約五〇〇名の第一陣の移民団は、明治神宮と伊勢神宮に参拝したあと、神戸港から中国大陸に向けて出発していった。大連到着後は列車でハルビンに移動。ここから松花江《しょうかこう》を汽船で下り、目的地の佳木斯《ジャムス》に到着している。

彼らの入植地は佳木斯から少し南に下った永豊鎮にあり、この地はのちに満洲開拓のモデルケースとして、全国に喧伝された「弥栄村《いやさか》」になっていく。

ところで、開拓といっても現実は土匪《どひ》、兵匪《へいひ》、紅槍会匪《こうそうかいひ》、共匪《きょうひ》といった「匪賊《ひぞく》」との闘いであり、耕作どころではなかった。匪賊といっても、僅かな金で土地をなかば強制的に取りあげられた貧農も多く、結局は満洲の大地で貧しい農民同士が対峙《たいじ》する構図だった。

このような厳しい状況の中で、弥栄神社が三江省樺山県弥栄村八里崗に建立されたのは、昭和八年（一九三三）一〇月一四日であった。考えてみれば、開拓団先遣隊が入植したのが同年二月一一日であるから、僅か八ヵ月で神社を建設したことになる。それも前述したような悪条件下においてである。

神社設立の背景

なぜこのように急がれたのかを、『弥栄村概要』（拓務省第一次特別農業移民団三江省樺山県弥栄村役場）、『弥栄村総合調査』（同）および渡辺千代栄編『弥栄村建設の五年――第一次特別農業移民団経営記録』（満洲移住協会、一九三八年）などをもとに検証したい。

満洲における開拓団の神社は民間人が建立した神社として、内閣告示や内務省令などの法形式で設立された「官社」と区別する意味からも、「民社」と呼ばれた。開拓団神社が最初に設立されたのが昭和七年（一九三二）であるが、以後、終戦までに三〇〇社余りが造られたといわれている。

入植した開拓団は終戦までに約八〇〇団あり、総数は二二万人を数えた。開拓団には「集団型」と「集合型」があるといわれ、前者は戸数二〇〇～三〇〇戸程度を基準にいくつかの集落（屯）によって構成されていた。後者は戸数三〇～一〇〇くらいの比較的小さな開拓団が中心だった。

昭和一五年時点では、当時入植していた一五〇団のうち半数以上には、すでに神社や小祠があった（渡辺前掲書）。開拓団神社の建立は、早いものでは内地を出発する前から計画をされ、遅くとも本隊入植の翌年までには着手するのが普通であった。神社の設立申請には最低でも氏子三〇名以上の連書が条件とされ、駐満日本大使の認可を必要とした。また、開拓団神社は一団一社とされ、複数の勧請《かんじょう》には特別の許可が必要だった。

満洲における神社の境内地の広さは、近藤喜博『海外神社の史的研究』（明世堂書店、一九四三年）によると、昭和一七年時点の九七社のうち、一万坪以上が二五社、五〇〇〇～一万坪が一四社、一〇〇〇～五〇〇〇坪が三〇社、一〇〇〇坪未満が一六社、未定・不明一二社となっている。いずれも広い敷地を保有しているが、もちろん鎮守の森などはなく荒野に粗末なお社《やしろ》がぽつんとある例も多かった。

それでも開拓団神社は入植者のための神社であり、神職も団員の中から選ばれ、一定の期間の祭式講習が義務付けられた。弥栄神社の場合は特殊なケースだが、昭和一二年以降は「移住地神社建設手続要項」に従って、祭神は天照大神であり、伊勢神宮の神符を拝受することになっていた。

弥栄村の場合は、内地出発時に伊勢神宮で「別大麻《わけたいま》」をすでに受けていたが、多くの神社では一時帰国者などに託するかたちで、神宮の別大麻を授受した例もあった。また神社名の多くは、現地名をそのまま付けたり、内地の出身地名や母村の神社名を名乗る例もあった。

これらの社で盛んに行われたのは春秋の祭であり、特に秋の大祭は収穫祭を兼ねて、例祭として盛大に行われた。演芸大会なども催されたようで、日頃モンペ姿の主婦や娘もゆかた姿で、各集落から馬車などを連ねて集まってきて祭を楽しんだ。厳しい生活の中の、僅かな憩いの場だったようである。

鎮座地としては村の中心部に近く、かつ見晴らしがよい丘だった八里崗が選ばれ、九月二日着工、一〇月一四日竣工の慌ただしい工事だったようだ。村の中心部といっても、広大な各集落間の中心という意味であり、開拓団本部から約一・五キロ、各集落からも平均二～三キロは離れていたという。

開拓団神社の建設

開拓団神社の建築様式は神明造が圧倒的に多く、その前には素朴な掘っ立ての神明鳥居が置かれた。神明造は先ほども述べたように、流造などと違って木部の曲線の削り出しなどが不要だったため、町家《まちや》大工の心得のあるものなら少し工夫すれば作ることもできた。屋根も板葺やトタン葺のものが多かった。

弥栄村など満洲でも北部にあたる地域では、夏を挟んだ僅かな時期が活動期であり、九月も末になると初霜が降りるという。新潟出身の大工、小玉弥七と栗林兵七の二人を頭として、各集落から集められた十数人が神社建設に携わることになる。

本殿は神明造《しんめいづくり》の一間社《いっけんしゃ》とし、低い玉垣で囲う。壇上積《だんじょうづみ》は低いが、羽目石《はめいし》には日乾《ひぼ》し煉《れん》瓦《が》を漆喰《しっくい》セメントで固めて、天場《てんば》はセメントで葛石《かずらいし》風にすることが決まった。材料集めは春先から少しずつ進められていた。というのも、気温が上がって凍土が解け出すとあちこちにぬかるみができて、かえって動きがとりにくくなるからである。セメント、釘、金属資材などは佳木斯《ジャムス》から鉄道で運び、あとは馬車。砂は弥栄の近くを流れる八虎河から採取し、木材は小石頭《シャオシトウ》から運んだ。

煉瓦は近郊にいいものがなかったので、城子嶺屯《チャンズリンタン》の窯《かま》から運んだという。土林子《トピズ》と呼ばれる日乾し煉瓦は、羊草《ヤンザオ》と呼ばれた茅に似たイネ科草木（シバムギモドキ）を乾かしてきざみ、土と捏《こ》ねて混ぜたものを型枠に入れて乾燥させた。羊草がつなぎの役目を果たすわけで、現地では普通の住居にも一般的に用いられていたという。

また、現地の住宅の屋根はこの羊草を茅葺のように使ったものも多かった。垂木の上に高粱《コウリヤン》の稈《わら》を敷き詰め、その上に捏《こ》ねた土を塗った。その上を羊草で葺いて、要所を押縁《おしぶち》で留めていくという工法だった。

本殿の基礎部分は土を一・五メートルほど掘り下げ、砂を入れたあと粗石で固め、その上にコンクリートを打って土台を固めた。鳥居も柱は円柱で直立、貫《ぬき》のみに角材を使って柱の外には出さない構造である。笠木《かさぎ》も丸太で木鼻《きばな》（切り口）も垂直にして、貫には楔《くさび》が打ち込んである。現代では靖国神社などに見られる方法であり、よく原形を写していた。

本殿は切妻造《きりづまづくり》で、戸口ひとつの平入《ひらいり》の形式をとっている。柱は丸柱を用い、棟を支える棟持柱《むなもちばしら》が両妻の所で独立したかたちで見えている。破風板《はふいた》が棟で交わり、上に突き出て千木《ちぎ》となっており、棟の上の甲板には細い堅魚木《かつおぎ》を載せる。また、よく見ると破風の拝《おが》み（頂点）近くには小狭小舞《おさこまい》（鞭掛《むちかけ》）までがある。

後年の開拓団神社には、見るからに素人造りの社も多かっただけに、事前のご神体代わりの神宮別大麻（伊勢神宮は分霊をしない）を準備していることも含め、国策としてのモデルケースとしてかなり周到な準備が行われていたと考える。

神社は満洲開拓団の核として、役場や学校などの公的施設に先駆けて作られているケースが多く、竣工も秋の収穫の頃に設定された。弥栄神社の竣工式も佳木斯到着の一年後と決められ、この日をもって大祭日とされた。

その後、日本の敗色が濃くなると開拓団員の応召もはじまり、昭和二〇年になると開拓団には老人と女子供たちしか残っていなかった。ソ連の参戦後は混乱を極めるなか、弥栄神社は放棄されたようだ。開拓団神社の中には爆破されたり、焼却されたものもあり、ご神体を持ち出せたのは僅かだった。

古建築修復の旅

式内社を歩く

日本の神々は「八百万《やおよろず》の神」といわれるほど、その数は多い。「記紀」によると、万物はすべて神であるといわれるほどである。

神名帳の神々

ところで、筆者は職業柄もあって神社を見る機会は多い。地方に出かけた際は、できるだけ時間を作って各地の式内社《しきないしや》を回るようにしており、その数も一五〇社を超えた。式内社とは、延長五年（九二七）に成立した『延喜式《えんぎしき》』の巻九、巻十の「神名帳《しんみようちよう》」に載っている奈良時代以前の古い神社のことである。これらは格式の高い神社とされ、祭神は三一三二座、社数は二八六一ヵ所あったといわれている（表5）。

国家による神社の統制は、奈良時代から平安時代の初めにかけて急速に行われたらしく、畿内や東海道の古社を中心に次々と官社に列せられ、神階を授けられていった。式内社は祈年祭《としごいのまつり》にあたって国家から幣帛《へいはく》を受ける神社で、神々はその格により四九二座の大社と、二六四〇座の小社に分けられた。さらにこれらは地理的な観点からも、畿内の神社で中央の神祇官から直接幣帛を受けることができる官幣社と、畿外の神社で地方行政機関たる国《こく》衙《が》から幣帛を受ける国幣社とに分けられたが、畿内の神社でも特に社格の高い大社四〇座は官幣に列せられた。

表5　『延喜式』による3132座の地域別内訳

地域		数	地域		数
宮中		36		越後	56
京中		3		佐渡	9
畿　内(計658)	山城	122	山陰道(計560)	丹波	71
	大和	286		丹後	65
	河内	113		但馬	131
	和泉	62		因幡	50
	摂津	75		伯耆	6
東海道(計731)	伊賀	25		出雲	187
	伊勢	253		石見	34
	志摩	3		隠岐	16
	尾張	121	山陽道(計140)	播磨	50
	三河	26		美作	11
	遠江	62		備前	26
	駿河	22		備中	18
	伊豆	92		備後	17
	甲斐	20		安芸	3
	相模	13		周防	10
	武蔵	44		長門	5
	安房	6	南海道(計163)	紀伊	31
	上総	5		淡路	13
	下総	11		阿波	50
	常陸	28		讃岐	24
東山道(計382)	近江	155		伊予	24
	美濃	39		土佐	21
	飛騨	8	西海道(計107)	筑前	19
	信濃	48		筑後	4
	上野	12		豊前	6
	下野	11		豊後	6
	陸奥	100		肥前	4
	出羽	9		肥後	4
北陸道(計352)	若狭	42		日向	4
	越前	126		大隅	5
	加賀	42		薩摩	2
	能登	43		壱岐	24
	越中	34		対馬	29

その結果、七三七座の官幣社と二三九五座の国幣社は、神社の恒例あるいは臨時の祭に際しても、国家の祭として幣帛のみならず祭料までが支給されている。

ちなみに、式内社の末裔《まつえい》として現存しており室町時代後期までに修復、移建、建立された遺構で、かつ現在の文化財保護法で国宝・重要文化財に指定されている建造物は二五一社ある。当初の『延喜式』の神祇座数からは一〇分の一以下とずいぶん減っているが、私が巡った一五〇社という数は、現在において参拝可能な神社の約六割といったところである。

「海・川・山」の神殿

古代の早い時期に祀られた神社は、神を祀らねばならない特別の場所に作られたということで、宗教上も特別な意味を持つと考えられた。

たとえば、出雲大社は「海の神殿」である。天禄《てんろく》元年（九七〇）に編まれた『口遊《くちずさみ》』には、大屋《たいおく》の誦《うた》として「雲太、和二、京三」とあり、次いで「雲太は出雲国城築明神《きずきみようじん》神殿をいい、和二とは大和国東大寺大仏殿を指し、京三は京都の大極殿をいう」とある。

東大寺の大仏殿が一五丈（約四六メートル）あったから、当時の出雲大社の神殿は一六丈（約四八メートル）とそれより高かったということになる。室町時代の記録には、当初は三二丈（約九六メートル）あったという話もあるが、こちらのほうはにわかに信じ難い。平成一二年（二〇〇〇）の四月、境内の工事中に直径一メートル三〇センチもの巨大な木柱の痕《あと》が三本一組で発見されて、大きく報じられたから、ご記憶の向きもあろう。平安時代中期の長元三年（一〇三〇）には、風もないのに神殿が倒壊したという記録がある（『左経記』）。以後、三〇～五〇年間隔で七回も倒れており、高いだけに不安定な構造だったようだ。

現在の本殿の様式は大社造《たいしゃづくり》と呼ばれ、切妻造《きりづまづくり》・妻入《つまい》りで平面正方形を呈し、殿内中央に岩根御柱《いわねのみはしら》（心《しん》の御柱《みはしら》）を持つのが特徴となっている。「海の神殿」の系統には、厳島《いつくしま》神社（広島）、宗像《むなかた》神社（福岡）などがあり、地勢などから見ると伊勢神宮なども、この範疇に入れてもいいと思う。

次に「川の神殿」というのもある。これはなぜか大河の近くには少ないが、これはやはり川の氾濫が怖かったのであろう。熊野本宮大社（和歌山）は「神名帳」には「熊野坐神《くまのにますじん》社《じゃ》」と見える大社であるが、これなどは大河近くにあった例外的な社殿であった。

明治二二年の熊野川の大洪水で社殿のほとんどを流されたため、現在は川のほとりの高台に移っている。熊野本宮の旧社地は、大斎原《おおゆのはら》とか中島《なかしま》、もしくは新島《しんしま》と呼ばれ、熊野川に音無川と岩田川が合流する所にある島のような大きな中州であった。祭神の素戔嗚尊《すさのおのみこと》は紀伊国では穀神《こくしん》と呼ばれていたため、肥沃《ひよく》なこの地でなければだめだった理由も朧気《おぼろげ》ながらわかるような気がする。

菱沼勇氏の研究によると、「河川が山間から急に平野に出たり、河川の支流が合流したりして川幅が急に広くなった所には、神社が鎮座することが多い」（『式内社調査報告』第一〇巻）といわれ、この系統には賀茂川が高野川と合流する川合にある賀茂御祖《かもみおや》神社（下鴨神社、京都）などがある。

さらに、「山の神殿」では山自体を御神体としたものも多い。三輪山《みわやま》の麓にある大神《おおみわ》神社（奈良）は拝殿があるだけで、拝殿を通して三輪山を拝むという形式で有名である。信州の諏訪《すわ》神社の上社も同じような形式の神社である。この形式は日本の神社の中でも最も古い形式を伝えている。大場磐雄氏は崇拝される山を浅間《あさま》型と神奈備《かむなび》型に分類している（『祭祀遺蹟』）。浅間型は富士山のような円錐型の尖った高い山であり、神奈備型は小さな笠形をしているものが多い。ちなみに三輪山は後者である。

『万葉集』には神奈備をうたった歌がある。「神名火の伊波瀬《いわせ》の社《もり》」〔一四一九〕とか、「神名火の浅小竹原《あさじのはら》」〔二七七四〕といった表現で、高い山より「森」であり「原」であることに注目したい。森は古代より神祀りの場であり、「神社」や「社」という漢字を「もり」と詠んだ万葉の歌も多い。神奈備は神の降臨する所と古代の人々が考えていたからだろう。

このように、いろいろな形態の神社を見てくると、来歴の古い神社はおしなべて特定の自然と深い関わりをもっている場合が少なくないことがわかる。

一方、神社の成立は長い歴史の中で人為的に翻弄されてきた面も、見逃してはならない。前述した全国の式内社の分布にしても、『延喜式』の

式内社の興亡

「神名帳」に載っている官社には、すでに廃絶した社や、式内社の伝統は残るが建物は新しい社なども多く、当初と比べて残存状況はかなり違ってくる。

たとえば、畿内を中心に山城《やましろ》・大和《やまと》・近江《おうみ》・河内《かわち》・但馬《たじま》といった近畿地方に神社が多くあったのは、政治的な求心力が働いていたことを考えると納得できるが、地方にもいくつか神社数が突出した地域がある。伊勢《いせ》や出雲《いずも》は古くからの神の鎮座の地であり少し別格としても、尾張《おわり》、伊豆《いず》、越前《えちぜん》、陸奥《むつ》なども他の地域と比べるとかなり多い。

これは考えるに、平安時代後期に形成された荘園の公領制が形骸化するとともに、鎌倉時代から室町時代にかけては、土地や集落の管理が領主と、郷や惣《そう》といった住民の組織に移行していったことと関係があるのではないか。

現代の村落の形態は江戸時代に確定したものといわれているが、それらは中世の集落を幕藩体制のもとで再編したものであるから、式内社とはいえ在地の中小クラスの神社では、村落の生活や祭、習俗などに影響されたはずである。これらの地域における宮座は、神社における有力氏子の組織であり、土着化していった式内社の中には、その源流ですらあい

まいになるものも多かったようだ。

このように神社の起源という問題は、今でも魅力を失っていない歴史上の大きなテーマである。過去、国学や神道学、神話学といった分野をはじめ、宗教学、古代学、考古学、民俗学などのあらゆる分野から、このテーマに対してアプローチが試みられた。だから建築物としての神社からも、固有の変化と発展のなかにその性格を探り、その起源と存亡を調べてみようという考え方があってもいいのではないかと思う。

「伊勢」と遷宮

定期造替と大神嘗祭

　伊勢の神宮は、普通は「伊勢神宮」と呼ばれているが、正式名称は単に「神宮」である。神宮の中心は天照大神《あまてらすおおみかみ》（皇大神宮《こうたいじんぐう》）を祀《まつ》る内宮《ないくう》と、豊受《とようけ》大神《おおかみ》（豊受大神宮《とようけだいじんぐう》）を祀る外宮《げくう》があり、これらを正殿《せいでん》という。伊勢の正殿は神明造《しんめいづくり》の基本といわれているが、他の神明造と異なり独自の様式を持つ。正殿の床下中心に「心《しん》の御柱《みはしら》」があり、高欄《こうらん》にも五色の宝珠《ほうじゅ》（居玉《すえだま》）を載せている。屋根は茅葺《かやぶき》の直線型の切妻造《きりづまづくり》である。

　これらの、社殿や調度などを新しく作り替え、ご神体を移すことを「式年遷宮」などと呼ぶようになったのはいつの頃からだろうか。「式年」とは定まった年をいい、「遷宮」とは新しい社殿を作り、そこに神を遷すことを意味する。本来は「定期造替《ていきぞうたい》」といわれ、戦前の調査では全国の官国幣社《かんこくへいしゃ》のうち、四一社が定期造替の制度を持っていたという。その間隔も、岩木山神社（青森）の二年ごとから、出雲大社（島根）の六〇年まで幅広く、むしろ伊勢神宮のようにおおむね二〇年の間隔が墨守《ぼくしゅ》されているところは、むしろ珍しい。当時の多くの神社では、「およそ諸国の神社は破るに随して修理す」（『延喜式』）とあるように、破損などで修理が必要になってから取りかかっていたようである。弘仁二年（八一一）の『太政官符《だじようかんぷ》』にも「封《ほう》有るの社はまさに神戸《かんべ》百姓をして修造せしむ」とか、「封無き神社は禰宜祝《ねぎはふり》等をして修理せしむ」とある。

平安時代に定期造替の制度を持っていたのは住吉、香取、鹿島の三社にすぎない。しかし、それも「住吉、香取、鹿島の三神は廿箇年を隔ててひとたび皆改作す。積習常となりその弊少なからず」（『日本後紀』）とあるように、これらの三大社クラスにとってもすべての社殿を二〇年ごとに造り替えるのは、相当な負担だったことは想像に難くない。

ところで、伊勢の式年遷宮のほうは、天武天皇により二〇年に一度と定められたといわれ、第一回の遷宮は持統天皇四年（六九〇）というから、かれこれ一三〇〇年も続いていることになる。二〇年ごとに内宮・外宮の各社殿、鳥居、橋などの建造物をはじめ、一〇〇〇点を超える装束（衣装、櫛《くし》など）や付属品も含め、合計一〇六〇点にも及ぶ神宝《しんぽう》（太《た》刀《ち》、楽器、唐櫃《からびつ》、漆工品《しつこうひん》など）を古式に則《のっと》り、すべて新しく作り替える。神宮には大小一二五社もの社《やしろ》があり、年間を通して行われる祭は一五〇〇回を数える。

「大神嘗祭《だいじんじょうさい》」と称される式年遷宮では、両正宮（殿）をはじめ一四の別宮が建て替えられる。摂社《せっしゃ》四三社、末社二四社、所管社四二社については別途に計画がされている。宮地は東西に分かれ、現在地の隣には玉石が敷き詰められた次の遷宮のための空間（古殿地《こでんち》）があるが、この制度も中世などには長らく停廃した時期もあった（図19）。

宗教とその聖域との関係は、神道だけではなく他の宗教でも見ることができるが、神が遷《うつ》るという考え方は珍しく、稲作を根本とする深遠な思想によるものともいわれている。

次は、これらのことを踏まえたうえで、この式年遷宮というシステムを技術的な視点から考えてみよう。

「伊勢」の建築様式

伊勢神宮の諸官社の建築様式は、掘立柱《ほったてばしら》・高床《たかゆか》・平入《ひらいり》・切妻《きりづま》・茅葺《かやぶき》で神明造《しんめいづくり》と呼ばれており、特に内宮・外宮両正殿の形式は「唯一神明造《ゆいいつしんめいづくり》」と区別される。神明造で注目されるのは、両脇の妻に張り出している棟木《むなぎ》を持ち上げるために立てられた棟持柱《むなもちばしら》である。棟持柱は今から約二〇〇〇年前の弥生時代中期頃に作られた銅鐸《どうたく》にも描かれており、また弥生集落の穀倉とみられる高床式建物の柱穴などからも、その存在を確認できる。

したがって神明造の祖形は、日本列島で稲作の普及した弥生時代からあると考えられ、集落ごとの穀物貯蔵庫の役目を果たした高床式倉庫に求められよう。それは単に湿気やネズミの害から食糧を守るだけでなく、種籾《たねもみ》を倉棚に置いて一冬を越すと稲魂《いなだま》が宿ると考えられ、春になればそれを播いて一粒万倍とすることが可能となった。

　そのような神聖な場所として考えられていたからこそ、単なる穀物倉としてより、万物

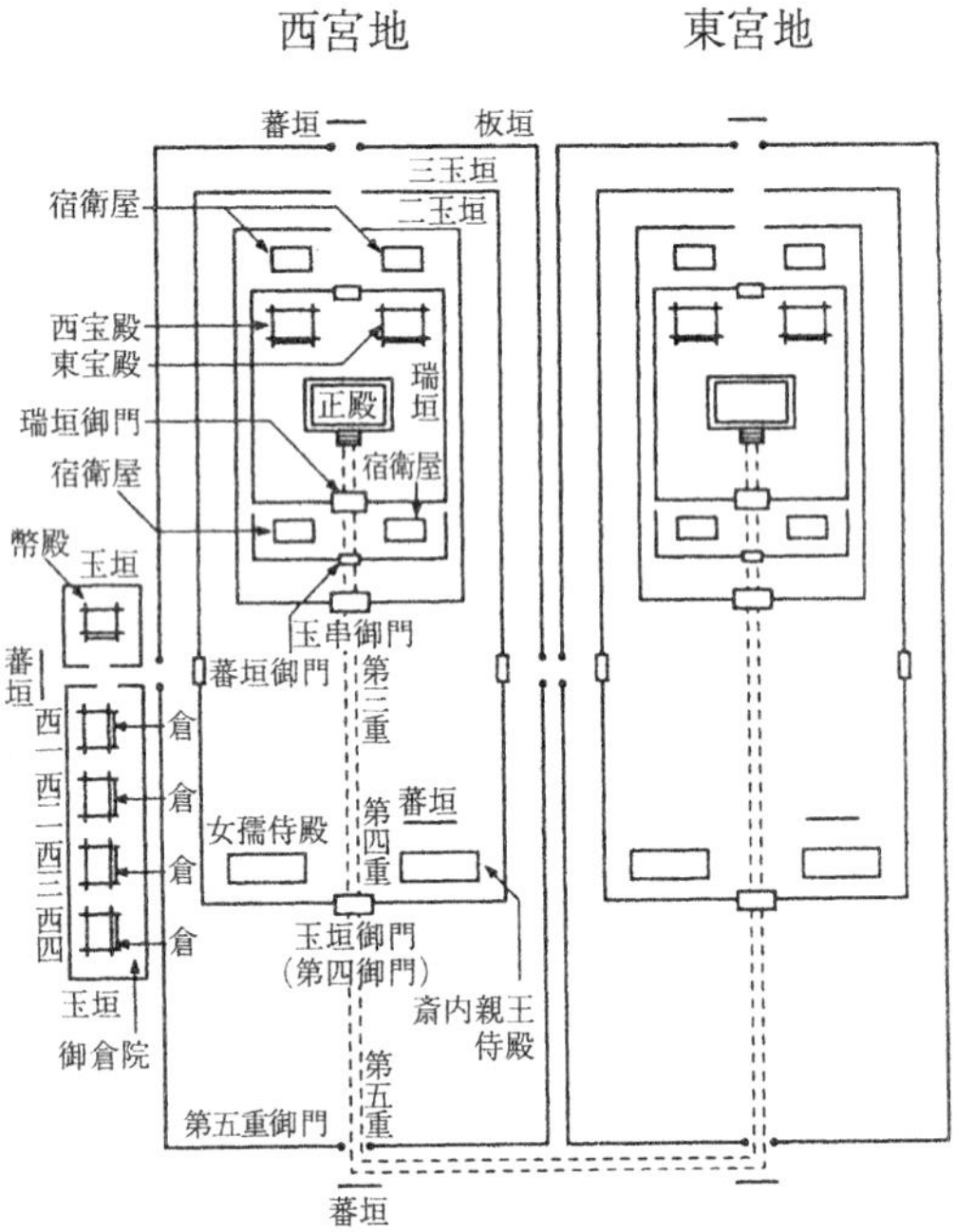

図19　伊勢神宮内宮平面図（『福山敏男著作集４・神社建築の研究』中央公論美術出版，1984年より）

の源ともいえる稲魂を祀る神殿という性格のほうが優先された。その様式も弥生時代から古墳時代にかけて、洗練され完成されていたからこそ、仏教伝来とともに輸入された仏教建築に押されながらも生き残りえたといえる。

正殿の東西に宝殿を配し、その三字を瑞垣《みずがき》、内玉垣、外玉垣、板垣と四重の御垣《みかき》を巡らしたかたちで、全体を大宮院《だいきゅういん》と称するが、外宮の御饌殿《みけでん》は井楼組《せいろぐみ》で前後に扉を持ち、刻《きざみ》階《はし》をかけるなど創建時の様子を彷彿《ほうふつ》とさせる。

建築史家の福山敏男博士によれば、内宮・外宮の各東西宝殿や外幣殿、別宮の正殿なども、御饌殿のような高床倉の井楼造だったことが明らかになっている。この建築構造は土台がなく、丸い掘立柱で支えられていた。床を高くして正面中央の柱間の入口の板扉をつけ、それ以外は板壁で囲って高い高欄を四方に巡らし、扉の前には木の階段がついていたと思われる。

屋根構造としては切妻造で茅葺のため、その勾配はきつい。この高床式ともいえる建築様式は伊勢神宮に共通する形式だが、このような形が古代からあったとはちょっと考えにくい。そもそも四隅や前後左右に柱があるならば、棟持柱は不要だからである。しかも正殿の外周に立っている一〇本の柱は、一見して屋根を支えているように見えるが、よく観察すれば梁と柱には数チセンの隙間があり、重みは柱の間の板壁が支える構造になっている

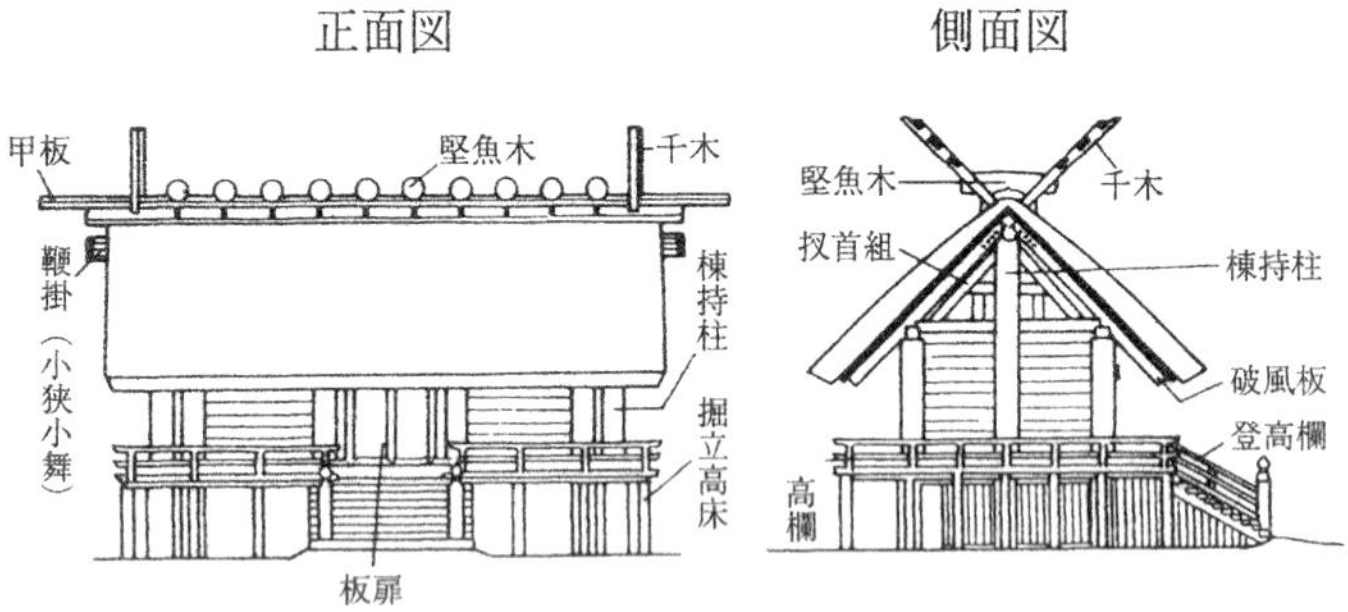

図20　伊勢神宮内宮正殿

（図20）。

このようなトリック紛《まが》いの構造は、この建物がもともと井楼組だったことをうかがわせる。高床の上に厚板を井桁《いげた》のように積み上げた構造を板校倉《いたあぜくら》と呼ぶが、このかたちは井桁状の横板壁だけでは横からの力に弱いので、棟持柱が必要になったのだろう。これらの建物では横板壁のみが井桁に組まれているだけで、四隅などに柱がないかわりに、棟持柱が屋根を支える構造になっていたと思われる。

神明造の屋根構造

屋根部分について詳しく見ると、唯一神明造の内宮正殿《ないくうせいでん》は正面奥行とも三間で、真屋《まや》と呼ばれる古代の住居（クラ）の形式を伝えている。内宮の正殿の軒付《のきつけ》は、軒の長さ五一・三尺（一五・八五メートル）、軒厚二一・九尺（八七・八センチ）と厚く整えられ、軒裏の仕上げにも選りすぐった葦《よし》を一列に並べたものが、二段に渡って使われている。

葺を一本一本吟味して並べていくのは気の遠くなるような作業である。軒付の場合もその構造から茅《かや》の根元を下にして葺くのが原則である。あらかじめ選りすぐった良質の材料を小束にしたものを用意しておいて、幾層かに分けて整然と並べ、下地にしっかりと掻《か》きつけていく。軒付には押矛《おしほこ》（押え用の竹）を五〜六層に分けて入れるほか、枚《ばい》（横木）などの補強材を入れて堅固に造る。一番上に水切り茅が並べられ、軒付が完成する。

軒付が終わると屋根の平葺《ひらぶき》部分に移る。屋根面積は六九坪（二二七・七平方メートル）ある。丸竹と垂木《たるき》を結び止めて葺き下地とする。平葺は捨て茅を置いて葺き厚を調整しながら、下方から上方へ長茅・裏茅・元茅といった順に茅を葺いていく。三〜四層ごとに押矛《おしほこ》を入れて、垂木から縄を取ってしっかりと下地に結ぶ。

隅《すみ》と呼ばれる破風《はふ》に近い部分を全体に先行させながら、片流れ一二三・七尺（七・二一メートル）を、勾配と葺厚を調整しながら葺き上がっていく。隅は茅の流れが外向きに変化しているので、専用に揃えた役物茅を用いる。棟近くになると長い茅は使えないので、短く切った茅を葺き詰める。

刈り込みに移ると、屋根面を美しく仕上げるためには、まず軒先の刈り込みをはじめに行う。次に棟際と屋根面との間の曲線を頭の中に描いて、これに沿って刈り込むようにする。できあがった軒付は、やや被《かぶ》りをもたせて切り揃えられるが、正面からも厚く見えて

①屋根下地の準備

②仮止めした茅の上に押矛を乗せる

③針と呼ばれる竹に縄を通して，屋根裏に差し込む

の旧金子家の場合，撮影：杉原バーバラ）

④押矛を足で踏んで締める

⑤ガギ板（地方によってクワ，コテなどともいう）によって軒を叩き揃える

⑥刈り込み用のハサミで全体を整える

図21　茅葺の一般的行程（埼玉県富士見市

神殿にふさわしい重厚な感じがする。

一方では、軒口が水平に近い切り方もあって、これは下から覗き込まねば軒付の小口は見えない。これらは比較的小規模な社殿や、東日本の茅葺民家などにも見ることができる。軒付が整うと、ガンギなどを用いて平葺部分の凹凸をなくし、さらに棟から軒先へ下りながら、茅の表面を鋏《はさみ》で刈り込んでいく。

棟の部分には神明造ならではの構造が見られる。堅魚木《かつおぎ》の下にあって棟の両端から出ている板を甍覆《いらかおおい》といい、その下部で茅押えをしている障泥板《あおりいた》とともに、樋貫《ひぬき》と呼ばれる材で留めてある。また、千木《ちぎ》は棟を貫いて屋根上にあらわれているが、これも内宮では先端を水平に切った内削《うちそぎ》であるのに対し、外宮では垂直に切った外削《そとそぎ》で、先端を開かないような形になっている。神明造の屋根では、この部分が雨対策上の一番の弱点である。

ちなみに、大社造、大鳥造、住吉造などの神社様式に見られる千木は、置き千木としてシンボル化しており、棟飾りとしての社会的側面が大半である。この点、神宮では本来の棟仕舞《むねしまい》としての役割のほうが大きいといえ、風で屋根が吹き飛ばされないようにするための構造材である。こうした部材は、釘《くぎ》が発達していなかった時代の、木を組み合わせて屋根を掛ける構法の名残りと考えられている。

正殿ではそのあたりがよく工夫されており、棟木が外に向って長く突き出て、それを妻側にある掘立の棟持柱《むなもちばしら》が支える構造になっている。こうすることによって、仮に雨に濡れても神殿の中には入らない仕組みとなっていた。また内宮の五丈殿《ごじょうでん》や御酒殿《みさかどの》、外宮の五丈殿や九丈殿《くじょうでん》などは切妻造板葺で、長い一枚板（榑板《くれいた》）を真っ直ぐに葺きおろしてあり、法隆寺の裳階《もこし》にも似た板を上下に交互に重ねる葺き方をとっている。なお、外宮の五丈殿・九丈殿は元は檜皮葺だったことがわかっている。

神社ルーツとしての「伊勢」

一般的に神社建築の原形として、伊勢の神殿のような高床のクラのイメージを持つことは、ある意味で当然ともいえる。しかし、これらを技術的側面や科学的合理性に基づいてのみ、理解しようとするのは少々無理がある。

七世紀後半には、進んだ建築工法によって法隆寺金堂が再建されているが、その同時代に朝廷の肝煎《きもい》りで造営された社殿に、当時としても旧式だったと思われる棟持柱を用いたのはなぜだろう。おそらくこれは聳立性《しょうりつ》（高くそびえ立つような構造）のある高床の倉をモチーフとしたのと同様に、何らかの意図があって、古い土着の記憶を揺り動かしつつ再構築した結果だと思う。

強い仏教文化の影響下にあった古代日本で、神道文化がその独自性を発揮しようと思えば、それなりの舞台装置も必要だったわけで、そこに上古のクラの登場する必然性があったのかも知れない。

伊勢神宮の場合は、すでに建っている社殿に隣接するかたちで、同じ広さの土地が用意されているので、遷宮に先立ってまずこの土地に新しい社殿を建てて、完成後の遷御の儀を行ったうえで、古い方の社殿を取り払う。このように、一時的に旧殿と新殿が併存する時期があることで、古来の形式は寸分違わないかたちで、そのまま新しい殿舎に受け継がれていく。

ただこの遷宮制度も、掘立柱と茅葺の故に、耐用年数からのみ考え出されたと思うのは早計だろう。特に伊勢神宮に関しては、その起源が宮廷内の神祭と密接な関係をもっていたことが、式年遷宮制採用の重要な動機となっていたのではないか。今でも大嘗祭《だいじょうさい》の諸施設は祭の直前につくり、終了後撤去するのが慣例であり、古代の宮廷でも天皇の一代ごとに宮殿が建て替えられる慣習があった。

遷宮制が形式保存のために案出されたのではなかったとしても、非常に有効な方法ではあった。東西二つの社地に交互に社殿を建て替えるということは、建築の形式や意匠とともに、神の出坐《いでおわします》御床《みゆか》が替わるということだ。この仕組みを誰が考えたのか知らないが、古式の保存にはこれ以上の方法はない。

現在の正殿は天正一三年（一五八五）の造営に倣《なら》っているといわれ、古代の頃と極端な違いはないと思われる。一〇〇〇年以上も続いているといわれる遷宮の行事は、法隆寺のように一一〇〇年以上前に建てられた建物を、修復しつつ守ってきたこととは一見対称的である。二〇年という単位は、技術の継承には妥当なスパンであり、古代における人間の寿命を考えれば、ベテランが若手に寸分の狂いもないデッドコピーを伝承していくために、考えだされた古代の知恵のようなものであった。

桂離宮はどのように変わってきたか

現代の桂離宮

桂離宮というと有名な建物であるから、普通の人はまず「国宝」だと思うようである。ところが違う。また校倉《あぜくら》造《づくり》で有名な東大寺正倉院《しょうそういん》（正式には正倉院正倉）なども、国宝指定を受けたのは一九九七年四月とずいぶん新しい。なぜならば、これらは「皇室用財産」だからである。

正倉院の建物は、一九九八年にユネスコ（国連教育科学文化機関）によって、世界遺産に「古都奈良の文化財」として登録される際に、「皇室用財産」のままでは難しいことがわかった。そこで急遽、日本の国内法たる文化財保護法が定める最高ランクである「国宝」として追加指定した経緯がある。これでやっと東大寺や春日大社などとともに、「景観として一体化」できることとなった。

これらも時代のひとつの流れともいえるが、桂離宮の場合は、一九九四年に「古都京都の文化財」として主な社寺が世界遺産に一括登録された時も、京都御所や修学院離宮などの皇室関係の建造物とともに、登録からは外れている。もちろん建物としては秀れたものだが、そもそも成立が違うということなのか――。

であるから、修復工事などの手続きもいささかややこしい。流れとしては、①国宝などの指定を受けていないため、建築基準法三条にいうところの〈適用の除外〉を得るために、宮内庁から文化庁に正式な依頼書面を提出。②当然ながら由緒ある建物なので、「重要文化財建造物と同等のものであり、文化財保護の立場からも有意義な事業と認める……」との文化庁のお墨付き（認定書）が下りる。③それを待って、今度は宮内庁が地元自治体である京都市に対して、整備計画案と「重要文化財指定同等建造物認定書」に関係図面を添えて提出。④京都市からの承認の回答――といったプロセスを経て、修復プロジェクトは始動する。これも、なにやら一種の儀式ととれなくもない。

ところで、桂離宮は京都御所の南西約七キロの所にある。桂の御殿の設計者ともいえる八《はち》条宮智仁《じょうのみやとしひと》親王や、その子智忠《としただ》親王は当時は御所の北側に住んでいたことがわかっており、距離と時間を計るために試しに歩いてみる。当時は御輿《みこし》などを使っていたとしても、おおかたの地形や道筋、また人間の歩幅もそうは変わらないからだ。実際に歩いてみると、地図上で辿ったり、車で移動するのとは違い、土地のなだらかな起伏や京を取り巻く山々の遠景、桂川の緩やかな流れなどが、悠久の時を越えて語りかけてくるようである。『家仁親王御記《やかひとしんのうぎょき》』（宝暦九年〔一七五九〕）や『桂別業宿日記』（文政四年〔一八二一〕）などに見られるコースを辿って、碁盤の目のような京の街中を抜け八条通り（旧山陰道）に出る。西に進んで桂大橋を渡り、桂川の堤防沿いに北に折れると「桂垣《かつらがき》」と呼ばれる淡竹《あわたけ》の枝を目隠にし、竹藪《たけやぶ》の竹を化粧に編みつけた生垣《いけがき》が見えてくる。これが桂離宮の東側にあたり、今度は穂垣に沿って西に曲がると御成門（正門）があらわれた。さらに進むと一般見学者の出入りする黒門（通用門）に至る。ここまでが約二時間半かかる。

「瓜畑のかろき茶屋」

そもそも下桂の地にあった桂離宮は、冬は底冷えのする京都にあって、南に向って開けた比較的日差しのある平地にあった。当時としても決して一流の場所ではなかったが、京都の公家たちにとっては川（池）遊びなどの遊興や行楽には便利な土地柄だった。

庭などを見ても、修学院離宮が積極的にその場とかかわるかたちで、借景としてまわりの眺望を引き入れようとしているのに対し、桂離宮のほうは桂川での舟遊びなども当然行われたであろうが、その構成としては一度それらを断ち切るように、独自の閉じた構成をみせた。

この地が八条宮家の所有となったのは、元和《げんな》元年（一六一五）であることはわかっているが、桂の建築や庭園の正確な造営年代は、いまだにはっきりとしていない。

前期の姿といわれるものは、一七世紀初頭の京都の景観を描いたといわれる「池田本洛中洛外図」に見える。「瓜畑のかろき茶屋」と呼ばれたこの頃の桂の御殿は、池のほとりに小規模な建物があり、反対側には草庵風の亭がある。また檜皮葺《ひわだぶき》の主殿と思われる建物が敷地の真ん中にあり、これが現在では柿葺《こけらぶき》の古書院の前身建物だった可能性が高い。

後期のものは「桂宮御別荘図」（国立国会図書館蔵）が一七世紀末の御殿の姿をあらわしているといわれているが、建物の明り障子《しょうじ》の位置が現行より若干奥まっているほかは、御殿の配置も現在とほぼ同様になっている。また池の水系や庭園内の亭のデザインに違いが見られるほか、松琴亭前の橋跡が陸続きになっており、後世の書き込みによると朱塗《しゅぬ》りで高欄付の橋があったとされている。

一七世紀の初め、智仁親王がこの別業《べつぎょう》（別荘）を構えた時の総面積は約一万坪だったが、明治一三年（一八八〇）の地割図によると一万三〇〇〇坪、さらに現在では周辺の農地などを景観や環境保全のために買い取ったため、約二万坪の敷地となっている。

造立《ぞうりゅう》以来、三百数十年を経た桂離宮は、明治以降に二回の大修理があった。一回目は明治二六年から三一年にかけてであり、二回目は昭和五一年から五七年にかけてである。

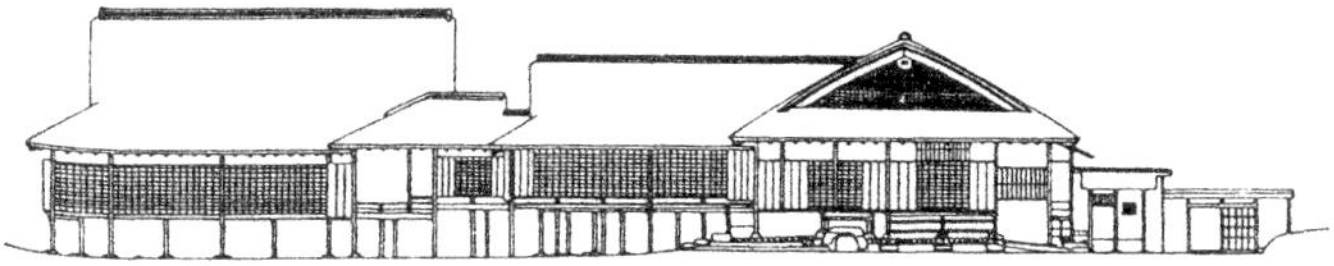

図22　桂離宮御殿東立面図

明治の修復は、それまで「旧桂宮の桂御殿」と呼ばれていた現在の桂離宮が、宮家を継ぐ人がなかったため、当時の宮内省に移管された後の根本修理のことである。また、昭和に行われた修理は一般には「昭和大修理」と呼ばれており、六年間の歳月を費やして御殿群（古書院、中書院、楽器の間、新御殿、旧役所、臣下控所）など、九六〇平方メートルに及ぶ総合的な解体修理が行われている。

桂離宮の雁行《がんこう》する御殿群は実にうまく構成され、屋根は柿葺の起《むく》り屋根で統一されている。古書院は入母屋屋根の妻側を東に向けているのに対して、中書院と新御殿は南に妻側を向けており、あいだに建つ楽器の間の屋根全体の連なりに変化をもたせている（図22）。このように、同じ材料や木割りの共通性を用いながら、統一感のない構成がかえって引き締った緊張感を与えて、多分に見る者の視覚的立場を意識した配置であることがわかる。

もちろん最初からすべての建物をこのようなかたちに作ったのではない。度重なる増築や改築のつども、全体のバランスや庭との関係、比例の捉え方が正確であったため、四つの屋根が食い違いつつ重なっていく様は、大変美しくできている。当然のことながら軒高や棟の方向、屋根のかたちも違う。御殿も俯瞰《ふかん》すればよくわかるのだが、屋根の出隅《ですみ》の柿《こけら》が庭に向かって大きくせり出す部分と、反対に入隅《いりすみ》に深く切れ込む庭とのコントラストが素晴らしい。

この点では、ドイツの建築家ブルーノ・タウト（一八八〇～一九三八）も、その著書『ニッポン』（平井均・森儁郎改訳、明治書房、一九三四年）の中で、桂離宮では寸法の規準が極めて厳密であるにも拘わらず、釣合は決して型にはまった規矩に従っていない。のちにコルビュジェにも影響を与えたベルラーへの理論を信奉する現代建築家たちが、桂離宮の諸堂の平面図に対角線を引こうとしても絶望するばかりであろう。このような建築物は、究極の美しさが合理的に理解せられえないからこそ古典的なのである。その美はまったく精神的なものである。と看破している。

雁行が示す屋根

このように複雑な雁行を示す屋根は、もともと明快な架構というものは考えられない。増改築を重ねた屋根の小屋組というものは、非常に複雑で、お世辞にも美しいといえるような代物ではなかった。すべては美しい屋根をかたちづくるための裏方であり、御殿の足元が塗壁や竹の目隠しで塞がれているのも、同じ創意からきているのだろう。

とにかく桂離宮では、化粧材《けしょうざい》にしろ野物材《のものざい》にしろ、構造体に何かを語らせるといった発想はまったくなかった。これも意匠をすべてに優先した桂離宮の構成の大きな特色といえよう。

こうしてできあがった御殿の屋根の線を見ると、真ん中あたりが明らかに盛り上がっている。これが起《むく》り屋根といわれる屋根構造で、屋根面が曲面のように上向きに反《そ》った特殊な屋根造りである。起り屋根は屋根自体を小さく見せ、目立たぬおとなしい感じに仕上げることができることから、茶室や別荘のような小規模な建築に用いられた。

周到に考えられた「起り屋根専用シフト」は、通常より厚い平葺板で通常より葺足を詰めて葺く。これは単に板の厚みや、重ねの細かさで耐久力を増すだけでなく、別の意図も考えられる。桂離宮の柿葺屋根の特徴ともいえる起りのついた屋根は、特に軒先のスタートから何尺かで、その屋根が美しく仕上がるかどうかの勝負がつく。スタートが悪いと照《て》り屋根のように、支《か》い物（葺き厚を調整するための木っ端《こば》）が使えないだけに逃げ場がなく、途中で屋根全体の収まりがつかなくなる怖れがある。「屋根屋と雀は軒で泣く」というやつである。

平葺は一段（二足）ごとに朱墨《しゅぼく》を打ち廻して葺足を整え、歩みを調整しながら葺き進める。起り屋根対策には、あらかじめ柿板《こけらいた》生産の段階から各種用途をしっかりと把握して、矯《た》めが入る部分には最上質の柿板を用いるなど十分な配慮が必要である。

こうして桂離宮のような数寄屋風書院の屋根は、柿葺の中でも特に洗練された芸術性が要求され、柿葺師の技量の見せどころと長く言い伝えられてきたのである。ともあれ、武士による「豪華絢爛《けんらん》」に対し、華やかであっても威圧的でない「綺麗《きれい》」とか、「野趣《やしゅ》」や「侘寂《わびさび》」といった日本人好みの地味で素朴なものが評価されると、当時の公家たちは自分のすまいにおいても芸術性を求め、これを実現した。

江戸時代の朝廷は、所領が一〇万石を超えるくらいで、決して豊かとはいえなかったし、京都の公家ではトップクラスの智仁親王でも三〇〇〇石しかなく、さらにその建築方法や地割りにまで幕府の出先である京都所司代《しょしだい》がいちいち口を出していた。

このように当時の貴族は、社会の本流から離れた存在となっていたが、反面、堅苦しい武家の求道精神や社会的責任とは無縁であり、長い伝統から培われてきた美意識を存分に発揮できたともいえるのである。

アジア建築とのつきあい方

私たちはアジアの隣国の建築史をどれほど知っているだろうか。「わが国の建築史ですら自信がないのに……」などと言ってしまえば、これは身《み》も蓋《ふた》もない。たとえば朝鮮半島や中国、台湾といった中華文化圏、ロシアの極東地方などを「お隣りさん」と言うのだろうけれど、この分野のことについては、専門の研究者以外にはたしかによくわからないことが多い。

東洋建築史の誕生

筆者も機会があって、海外の歴史的建造物の修復に携わったり、現地の学者・技術者とも話をすることは多いほうだと思うのだが、たとえば次の項で述べるインドネシアの建築家に自国の建造物について尋ねても、なんだか要領を得ないことが多かった。まして他国のこととなると、ハノイ建築大学の準教授はカンボジアの建築史には疎《うと》かったし、インドネシア文化省の役人も隣国マレーシアの建築史はチンプンカンプンである。

もし建築文化というものがあるとしたら、それらは現代の人間が作った国境なるものを越えて、伸びやかな広がりをもっているはずである。今まではともすれば、建築国粋主義とでもいうべき狭隘《きょうあい》なナショナリズムのもとで、自国の建築史にばかり目を向けていた国がほとんどだった（同情的に考えれば、「建築史」の概念がなかったとも、自国のことで手一杯だったともいえる）。

もともと建築史は国家的な要請から編纂《へんさん》されることも多く、自国はもちろん、海外における建築についても、常にそのフィルターでものが見られていた。わが国においても、アジアの近隣諸国を見る眼は近視眼的で、広域の建築文化をどう捉えるかという視点が欠けていたといわざるを得ない。

わが国におけるアジアの建築史についてみてみると、戦前においては『東洋建築史』のかたちで、伊東忠太博士が行った中国の紫禁城調査にはじまるといわれている。当時における日本とアジアとの関係については、歴史が示すとおりであるが、『東洋建築史』の構築は各占領地の遺跡や文物の調査整理に端を発していた。その背景からだろうか、アジア諸地域における建築の歴史は、過ぎ去りし文明を構成した一つの要素として取り上げられるのが主であった。そこにあった建築物としての価値について、丁寧なる精査が行われることは少なかった。

たとえば、イスラム文化圏の建物は細部に至るまで「宗教」に規定されていた。それに対し中華文化圏では、そこに「礼」という独得の建築観を見ることができる。これは建築を対象とした一種の社会観や道徳観に近いものといえた。

植民地時代の建築史

ところで無視されているといったら、近世・近代の植民地時代における建築技術の研究にも、空白の部分が多い。かつて西欧列強や日本などに蚕食《さんしょく》された植民地には、宗主国のシンボルとして多くの公共建築や宗教施設が建てられた。フィリピンにおけるスペイン風建築やベトナムにおけるフランス風建築、台湾における日本風建築などがそれである。地元の人々にとっては負の遺産であり、屈辱のシンボルともいえ、極力忘れてしまいたいという気持ちがあっても、それはごく自然な感情であろう。一方、旧宗主国側や他の諸外国にとっても、社会的感情を慮《おもんぱか》ってあまり触れたくないという気持ちも理解できる。

歴史認識や倫理的な問題について、前向きに取り組むことはぜひとも必要であろう。そのうえで客観的な視点で、歴史遺産について調査がなされていかないと、特定の地域の歴史や生活の営みの記憶が、特定の期間だけ空白になってしまう。その断絶のほうが、むしろ恐ろしいといえないだろうか。実際、アジアに分布する巨大都市の多くが、植民地時代にその起源を発しており、それらを除いてしまえば、現代のアジア建築を語ることは難しい。

戦後のアジア諸国の独立によって、建築史の主導権はやっとそれぞれの国々に戻っていったが、一九七〇年代までは戦前への反省もあってか、歴史的建造物などを対象とした取り組みも疎《まば》らで、雌伏《しふく》期といった時代が続いた。次にアジアへの取り組みが活発化してくるのは、八〇年代に入ってからである。

それらは、かつてのアジア研究とは異なった視点や関心で再スタートを切った。この分野のアジアと日本の関係を再構築するためには、アジア各国の固有性に立脚しながら、各々の歴史を世界の建築史にどのように接続し、位置づけることができるかということが問われた。

アジアの建築に対する評価も時代とともに変化してきたが、先人の不断の努力によって現代に伝えられてきた歴史的建造物には、それぞれの時代の価値観、技術、英知といったものがちりばめられている。現代のように鋼材やセメントなど均質な工業材料のない時代に、木、土、石などの自然材を用いて作られた建造物を、構造様式、破損状況や痕跡、石材などの劣化状況などをもとに、部材の繕い、取り替え、補強などの作業がなされていった。私たちがアジア建築とつきあう際の大きな楽しみは、これらの建物をつぶさに調査し古い資料を調べるうちに、当時のアジアの匠《たくみ》たちのひらめきまでが、はっきりと見えてくるところにあった。

海外における保存と修復

ところで、わが国における現在の海外建造物の保存修復活動は、どのようにして行われているのだろう。この分野は今でこそ、いろいろなルートで行われているが、最初は文化庁のプロジェクトを中心にスタートしており、これらは修復の専門家を派遣することが事業の中心であった。

一九九〇年からはじまったネパール・パタン市の仏教寺院「イ・バハ・バヒ」の保存修復には文化庁、国際交流基金の二つの機関と、大学の研究者グループ、それに技術者（設計監理）集団である財団法人文化財建造物保存技術協会の修理技術者が協力している。

この建物は外壁こそ煉瓦造《れんがづくり》であるが、内側の小屋組や軸組《じくぐみ》は木造で、その工法は日本の奈良時代の建築と見紛《みまが》うほど古式である。アジアの建築は押し並べて土や石などが用いられている例が多いが、構造の基本はわが国とも共通点が多く、日本の修復技術や方法が比較的応用しやすいといえた。

また、隣国のブータンでは「ゾン」と呼ばれる宗教施設と軍事施設を兼ねた建物の修復がなされたほか、仏教寺院や行政庁舎をはじめ伝統的集落の所在調査なども積極的に行われた。さらにそれらのベースになる保存修復の法的・行政的な制度の整備や、修復の専門家を育成することが重要な目的のひとつとされている。

ブータンはヒマラヤ東部に位置する王国で、面積は約四万七〇〇〇平方キロと九州をひと回りほど大きくした程度であり、国土の半分が標高二〇〇〇メートル以上の内陸国である。一九八六年に日本との外交関係が結ばれ、首都ティンプーには青年海外協力隊の事務所も置かれている。ジグメ・シンゲ・ワンチュク現国王のもと、政治・経済・教育・医療などの諸分野とともに、建造物修復関係の若い研修生たちも来日している。

保存修復技術の移転のためには、相手国であるブータンの修復現場での実践のほか、日本の修復現場での実習受け入れや、保存科学の研究が必要なためである。これらの海外の文化財専門家の招聘は、すでにそれまでも国際交流基金やＪＩＣＡ（ジャイカ。国際協力事業団）でも行われていたが、これらはいずれも特定の目的を持った事業であり、相手国の要請主義を基本とすることから、おのずと限界がある。本格的な技術移転のためには、長期的・継続的な研修体制の整備は不可欠であった。

日本にやってきたブータン研修生の中には夫婦同伴組もおり、彼らと親しくなる機会も自然と増えた。魚類は一切口にせず、ホームシックがちな夫に対し、妻は何でも食べて元気なもので、余った時間はカルチャー教室でブータンの織物を教えるなどたくましい。一杯飲みながら、お互いの危なっかしい英語で深更まで話し合ったこともあった。ブータンでは近年、「ドリグラム・ナムザ」なる伝統的なブータン社会を大切にする政策を実施しており、彼らも母国に帰ればニューリーダーとして活躍することが求められている。

さらに、これらの国以外でもインドネシア、ベトナム、カンボジアなどでも技術交流は多くの実績をあげており、次項ではその具体的取り組みの一端を見てみたい。

歴史的建造物は、その国の人々が保存修復をしてはじめて意味がある。建物の捉え方も千差万別であり、保存協力といってもかつてのように日本流の押しつけでは意味をなさず、現地の論理や風習との擦《す》り合わせも必要となる。現代のアジア諸国は変化のスピードも早く、建築遺産を現地の人々のニーズといかに調和させるかが重要な問題である。だが、これは逆に活きたかたちでの修復を可能にするチャンスでもある。まさにこれからの取り組み方の如何《いかん》にかかっているともいえよう。

アジアの建物の修復にも多くの人々が参加する。人がいなければ修復はできないし、その後の建物の維持管理も難しい。だからこそ今後の恒久的な交流の可能性も生まれる。アジアに限らず歴史的建造物保存の国際的交流の目的は何なのかを、原点に戻って常に検証する必要がある。相手の国や地域と、そこに住む人々を尊重し、異国の文化との摩擦やズレは、どんなことでも納得がいくまで話し合うようにするべきだ。最も簡単なことのようで、これが最も重要なことである。

インドネシア修復体験記

「神々の国」

先年、建築関係のNGOからの誘いで、インドネシア・スラウェシ島のタナ・トラジャ（神々の国）に行くことが決まったとき、旧知の大学の先生が一組の本を勧めてくれた。それがインドネシア人作家、プラムディア・アナンタ・トゥールの『人間の大地（上・下）』（押川典昭訳、めこん刊、一九八六年）である。著者は元政治犯で、彼の地では早くから発禁扱いになっているという。

「明治という時代の日本を知るには、司馬遼太郎の『坂の上の雲』がいいように、近代から現代にかけてのインドネシアを知るためには恰好の本」といわれて、前日までに一挙に読み終えてから出発するという慌しいことになってしまった。

インドネシアにおいては、昔から国軍・警察・行政が三本柱だとは聞いていたが、この国にとってナショナリズムとは何か、近代化や開発とは何を意味するのか、その誕生や挫折について深い洞察力によって余すところなく描かれたこの本は、私にとって現地での歴史的建造物の保存修復アドバイザーをするために必要な、多くの知識と知恵を与えてくれた。

ところで、スラウェシ島はかつてはセレベス島と呼ばれており、世界でも九番目に大きな島である。日本でいうと本州の八割近い面積を有し、それが四つの大きな半島を形成している。島の中央部は険しい山岳地帯で、海沿いまで山が迫り平地は少ない。そのため約一〇〇〇万人の人口の多くは海岸沿いに集中している（図23）。開いた蘭の花の形のように海に突き出た四つの半島には、別々の民族が住み、少しずつ異なった言語を話し風俗習慣も違う。島の中央部が険しく、またマラリア蚊の群発地域だったこともあり、互いの交流もあまりなかったため、実質的には四つの島の集合体と思ったほうがいいほどである。

私のめざしたトラジャの村は、島の南西側に伸びる南スラウェシ半島の付け根あたりにある。この半島の風景は多彩で、マングローブの沼地があるかと思えば、ニッパヤシの湿田が延々と広がっているし、澱粉の元になるサゴヤシなども見える。また養魚池、ココナツヤシ、塩田などが隣り合わせにあるのも、おもしろい風景である。

そしてなんといっても壮大なのが、見渡す限りの水田である。水田は平地ばかりでなく、

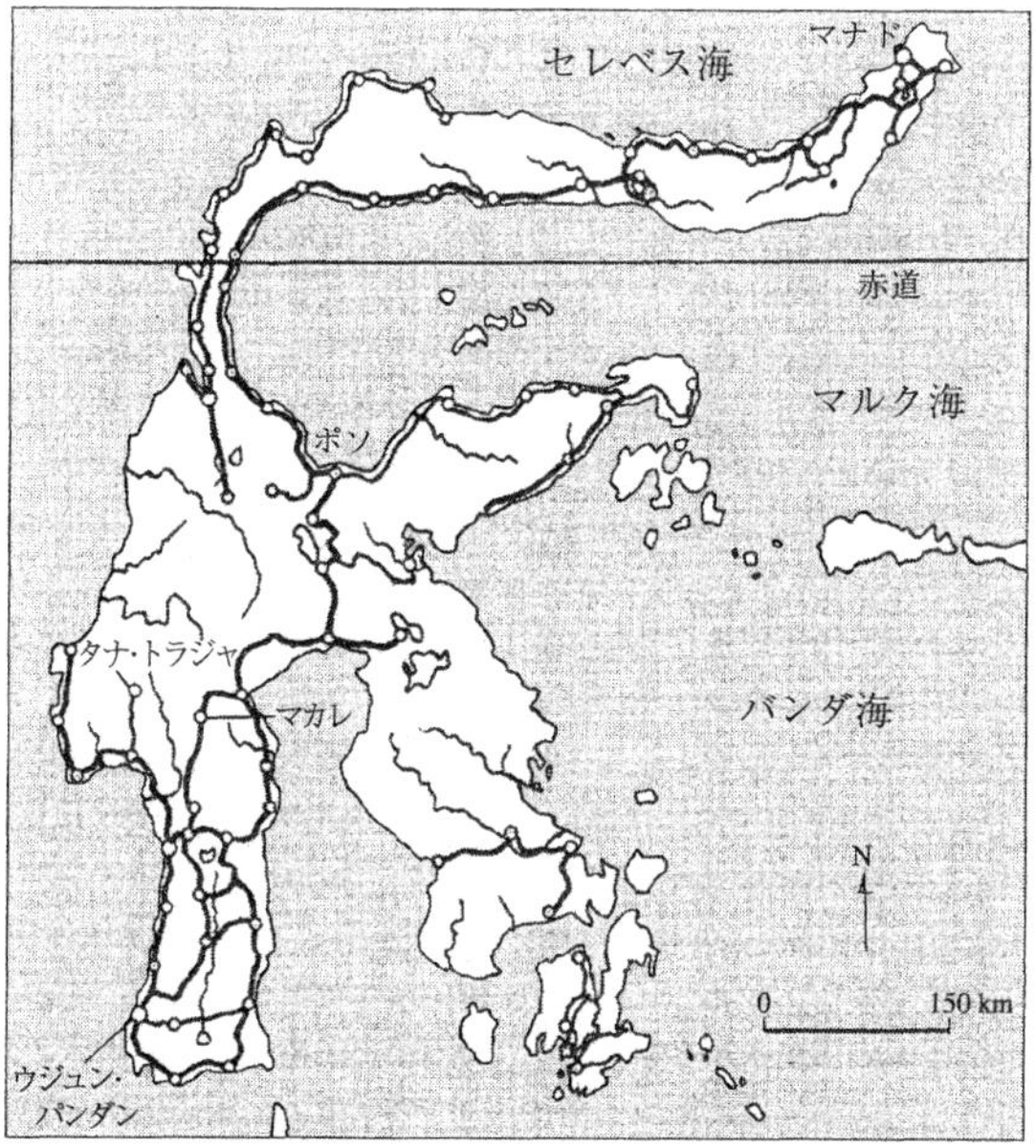

図23　スラウェシ島全体図

山地にも見事な棚田（ライステラス）を形成している。以前、フィリピン・ルソン島北部のコルディラで、「天国の階段」と呼ばれる立派な棚田を見たことがある。あちらは世界遺産に登録されているようだが、こちらのライステラスもたいしたものである。

現地の人々に聞くまでは、迂闊《うかつ》にも南スラウェシがインドネシア東部最大の穀倉地帯であることを知らなかった。一見雑然としたこの地には、他の東南アジアの国々に一般的に見られるような、整然としたプランテーション式の大規模農園は見当たらない。これがかえって植民地主義の手垢《てあか》にまみれていないアジアの原風景を見るようで興味深い。

トラジャの風景

トラジャは、正式には南スラウェシ州タナ・トラジャ県といい、トラジャ族の約三六万人が住む。地域の中心はランテパオ（人口一万二〇〇〇人）という。わが国でもトラジャコーヒーの原産地として有名であり、日本のコーヒー会社の農園も近くにあった。南スラウェシ州にはブギス、マッカサル、ハジャウ、マンダールなどの諸民族が住むが、いずれも海洋民族の流れをくみ、トラジャ族も中国からインドシナを経て、マレー半島からスマトラ島経由で現在の地に到達したとの言い伝えもある。ただ、今では山岳地に住むトラジャ族は、他の民族とは少し風俗習慣が異なっているようだ。

トラジャの村は遠く、日本からはジャカルタ経由で二日はかかる。ジャカルタからはスラウェシ南西部の中心都市ウジュンパンダンまでは国内航空便があるが、そこから先はこの町を中継地としてトラジャまで三五〇㌔ある。陸路ならバスなどで片道八時間はかかるし、道は一応舗装してあるものの、悪路は覚悟しておいたほうがいい。州や県にも予算がなく、スコール後の立ち往生も茶飯事である。

それが嫌ならウジュンパンダンのハサヌディン空港から、ランテパオ近くのポンテックまでの空路（四五分）があるが、型式が古いプロペラ機が不定期に飛んでいるだけで、行き先に空港といえるほどの施設はなく、やや平かなという地点に着陸するだけである。

二〇〇〇メートル級の山々に囲まれ、花々の咲く八〇〇メートルの高地トラジャは、夜は一五度前後まで気温が下がることもあり、比較的過ごしやすい反面、昼間はかなりの高温多湿であり自然と口数が少なくなるのが自覚できる。年間降水量は四〇〇〇ミリを超え、突然のスコールには驚かされるが、日本の梅雨のようにジメジメ降り続くことはない。

トラジャはその中心地ランテパオの中央部を流れるサダン川のまわりに水田が美しく広がっている。トラジャ全域で見ることのできるこの地方独特の住居スタイルをトンコナン（Tongkonan）と呼ぶが、それらは竹やウルなどの南洋材で屋根が葺いてあり、そのかたちから「舟形の家」と呼ばれている（図24）。これはかつて祖先がこの島にやってきたとき、乗ってきた船を材料にして家を建てたとか、死んだあともその魂を先祖が渡ってきた海に返すためだとかいわれている。

トンコナン

トラジャの伝統的家屋の特徴について、この分野の先駆的研究者のひとりである細田亜津子氏は、その論文の中で次のように述べている。

一、トラジャにおける伝統的家屋は、屋根の葺材が竹葺き、板葺き、石葺きとあるが、竹葺きが多くなり板葺きが少なくなっている傾向がある。石葺きはトラジャ県内には一棟しか現存しない。

二、波型鉄板＝トタン葺きが増えている。

三、県南部メンケンデック、マカレから中部ランテパオ周辺においては、トンコナン自体が少なくなり、洋式建物に変わっている。特に中央幹線沿いにはこの傾向が顕著である。

四、一部地域に洋風建築がみられるとしても、トラジャ県としてみると、トンコナン自体を残す努力をしている。屋根の葺き材をトタンにしても、建物全体を壊してしまうわけではない。家族の協力により、新築の建物もあり、修復中の建物もある。

図24　トンコナン（tongkonan）

五、トラジャ人はトンコナンを儀式の場、家族の団結の象徴と考えており、将来もトンコナンを建築し維持する意志が強いこと。

（「文化財保存の新展開」『建築医』第三六号、建築修復学会）

普通、トンコナンでは樹木に囲まれた庭があり、伝統的に北向きの三層で高床式の住居（ハウス）が並んでいる。北はトラジャでは神聖な方位であり、内部は三室構成が多い。

向かい合った南側にアランと呼ばれる穀物倉が位置している。

トンコナンはトラジャでも富裕層しか建てることができない。完成まで一～二年の期間が必要なことと、彼の地としては莫大な費用がかかるからである。基本的には一軒一家族構成で、晴れてこの住居に住める者は、一族や村人から尊敬の対象となるのである。

トンコナンは地面に台となる敷石を直接置いて、その上に建物を建てていく例が多い。石は近くの自然石を利用し、セメントなどは原則として使わない。この方式だと建物をそのまま移動させるのに便利だからである。事実、「曳《ひ》き屋」を副業にしている人もおり、小さなトンコナンだと住居部分の下部に丸太などを差し入れて、お神輿《みこし》さながらに人海戦術で運ぶのである。大きい建物でも丸太をコロがわりに使って、少しずつではあるが器用に移動させる。これも日本のように、土台を土中に埋め込まないことで可能となった。トラジャは雨は多いが、南半球に位置することもあって強風はあまり吹かないからだ。

驚くべき建築構造

「舟形の家」は両端の棟持柱《むなもちばしら》と太い丸柱にどっしりと支えられた高床式で、吹き放しの階下は昔は水牛などの畜舎にも使われたらしいが、今では物置であったり子供たちの遊び場であったりする。屋根の両棟は舟の舳先《へさき》のように天空に反《そ》り上がっている。

屋根の形からみると、スマトラのバタック族の伝統家屋や、インド東部アッサムのカチン、それに奄美大島の大和浜の倉庫群とも何やら似ており、共通した海からの来歴を暗示する。ただ、バタックなどはサトウヤシなどの葉を使っているのに対し、トラジャの屋根は二つ割りや三つ割りにした竹や南洋材を、押縁《おしぶち》用の竹で押さえて、幾層にも編み込むなど重厚な感じがする。ケテケスやパラワの村には多くの舟形集落が散在しており、遠くから見ると緑の海に大きな舟が舳先を並べて勢揃いをしているようで、舟形の家といわれるのも納得できる。

トンコナンに使う木材は、ウル、センダナ、ボトボト、ナンカといった地元の南洋材や竹などである。なかでも竹は主要な屋根材で、バンブートゥリ（bambu tali）と呼ばれる種は、粗立の株立ちで高さ三〇メートル、直径（稈径《かんけい》）二〇センチに達するものもある。この種は主に屋根葺用に使われ、割りやすい性質をもつが、現在では世界最大種といわれる英名ジャイアントバンブーや、肉厚で弾力性に富むバンブードゥリ（bambu duri）も使われている。

近くの山から必要な木材だけを伐《き》り出し、釘《くぎ》を使用せずに組み立てていく。これはわが国の「釘なし堂」と同じ発想である。また解体した古い部材も使えるものは別途保管しておいて、次の建て替えの時に使おうとする。また端材なども、水田近くの小屋や家畜小屋として再利用し、最後は薪として使い切ってしまう。一物も無駄にしない発想である。

ところでトンコナンの屋根は、私たち日本人からすれば構造の突然変異種といわざるをえない。屋根のかたちは巨視的に見れば、屋根面と棟《むね》の関係から棟の両側に屋根面を傾ける「切妻造《きりづまづくり》」と、東西南北の四方向に屋根を傾斜させる「寄棟造《よせむねづくり》」の二つが考えられる。「入母屋造《いりもやづくり》」や「宝形造《ほうぎょうづくり》」といっても、これらはすべてこの二種類のバージョンといっていい。

では、トンコナンはいずれのカテゴリーに属するのだろう。トンコナンを側面から見れば、これはやはり切妻型屋根の一種と考えるのが自然である。ただ、棟の端が両側に高々と突き出しており、理解に苦しむほど妻転《つまころ》び（棟の端が桁行《けたゆき》の端より深く出ている構造）が異常に大きい。だから職人としては、この構造を切妻造と呼ぶには、若干躊躇《ちゅうちょ》するものがある。

というのも、これはある種の吊り天井に基づく屋根構造であり、棟も大きく湾曲している。竹などを割ったものを幾層にも分けて葺き、縄で木舞《こまい》（のようなもの）に括《くく》りつけるやり方は、初期の檜皮葺《ひわだぶき》や現代の茅葺《かやぶき》とも共通するものがある。こうした構造においては、部材が互いに引っ張り合うことによってバランスを保つため、個々の部材は細くてすむ。

構造面では妻側の平葺《ひらぶき》部分の二面が、それぞれ傾く力で棟を引っ張るかたちをとるため、大きく湾曲している棟の中央部分を逆に持ち上げる力が働く。一見脆弱《ぜいじゃく》そうな竹や、ウルなどの南洋材を用いた構造であっても、しなやかでしたたかである。この構造を可能とするあたりは、トラジャの建築技術は合理的であり、小難しい構造力学など知らなくとも、まことに理にかなっている。

富裕のあかし

それにしても実際にトンコナンの現物を見れば見るほど、妻側の庇《ひさし》やせり出した棟は大きい。純粋に屋根構造からだけみれば、これほどの庇は必要ないはずである。これも一種のステイタスというか、富裕層のあかしということなのだろう。

ところで、トンコナンの屋根葺替《ふきかえ》は一〇〇〇万ルピアから一五〇〇万ルピアはかかる。日本円に換算すれば一三万～二〇万円といったところだが、当然、お金の値打ちが違う。木部の補修も含めれば五〇万円から一〇〇万円はかかる。穀物倉のアランでもハウスの半分はみなければならない。

また、トラジャのような儀式を重んじる伝統的社会では、大勢の親族や村人を呼んだマガロンドン（着工式）やマンゲララ・バヌア（棟上式）、ランブ・トゥカ（竣工祭）などは欠かせない行事であり、これにも数百万ルピアの金がそれぞれかかる。これはランブ・ソロ（葬式儀礼）に次ぐ、トラジャ人にとって最大級のイベントとなっている。

ちなみに、ランブ・ソロは「トラジャでは死んでからのほうが、生きていた間より金がかかる」といわれるほど大金が必要になる。トラジャ滞在中に、半年前に亡くなったケパラ・デサ（村長）の父親の葬儀があったが、通夜、告別式、遺体処理、副葬人形の作成、墳墓の整備、さらには数ヵ月かかって何段階も行われる儀式と、行事が延々と続く。そのたびにデドンボングと呼ばれる斑《まだら》水牛や黒豚が生贄《いけにえ》となって解体され、参列者に振る舞われる。庶民はいざ知らず、チャマット（郡長）、ケパラ・デサ、ケパラ・ドゥスン（村落長）クラスや、地元の有力者になると、家が傾くといわれるほどの出費を伴うそうだ。

トンコナンの屋根については、昔は石葺もあったが、前述したように今ではトラジャに一軒しかない。またそのほかにもヤシの葉なども使っていたが、その後は手近にある竹材や南洋材を用いた。最近はそれらも減ってトタン葺きが増えている。安価で手っ取り早いからで、これはわが国における檜皮葺・柿葺・茅葺といった植物性屋根材にも共通した悩みである。

建物は絶えず風雨に晒《さら》されながら存在している。保存のためとはいえ、トタンを被せるようなやり方では真の保存とはいえない。特にトンコナンのような植物性の屋根は、絶えず葺き替えを繰り返すことによって材料の需要が増し、技術も保存される。そうでなければ関係者も建物を保持していけなくなってしまう。歴史的なものの保存とは形だけを残すことではなく、それを取り巻く生きた技術の保存でなくてはならない。

ところが、実際に現地に来てみると、一筋縄でいかないことがよくわかる。地元の人々とのつきあい方や言葉の問題、衣食住といった基本的なところから、風俗、習慣、時間の観念、価値観の違いからくる段取りの難しさもあり、イライラし迷いっぱなしである。現地の職人は宗教的な理由からも突然休むことは多いし、遠縁の人に不幸でもあると、まず一〇日は出てこない。

八割がイスラム教徒のこの島では、トラジャにカトリック教徒が多いのは少々意外な気もするが、それとは別に宗教的なベースになっているのは、アルック・ドトロと呼ばれる独特な精霊信仰（アニミズム）である。一方的な苛立《いらだ》ちを押さえ、コミュニケーションをとりつつ、建物の保存修復をすすめていくのは、これで案外骨の折れる仕事であった。

保存と開発のジレンマの中で

修復にあっては、フィールドワークとして、まず建物の周辺情報・地勢・建物史・意匠の変遷などを細かく観察し、また地元の大工や職人たちからの聞き取りも進める。この方法を実施することによって、建物を取り巻く種々の問題、使用すべき部材の調達方法やそのグレード、さらには専門職や補助職の賃金水準などもおぼろげながら見えてくる。

また、仕事に関する諸契約は、契約という意識の有無を含め重要な問題である。契約にはなるべく複数の人間を立ち合わせるようにアドバイスをする。相互《そうご》牽制《けんせい》にもなるし、オープンにすることで多くの人々の意見を聞くことができる。まどろっこしいようでも、これが修復の善し悪しを決めるといっても過言ではない。

この点では行政サイドや、建物の持ち主のいうこともあまり当てにならない。とんでもない高額を言い出したり、自分たちに都合のいい話にもっていこうとするケースもあるからだ。国によっては、行政のトップが自分たちのための法外な報償金を欲しがったり、はなはだしきは公然、非公然に賄賂《わいろ》まがいのものを要求する例もあり、人間不信に陥ることも多い。

かといって、行政サイドを除いた民間の支援活動は考えられない。その地域のことはカブパテン（県）、クチャマタン（郡）、クルラハン（町）などの行政が情報をトータルに摑《つか》んでおり、その情報を得るためにも行政に対しては計画、期間、内容、資金、現地での雇用など、基本的なスタンスを事前にきっちりと擦《す》り合わせしておかなくてはならない。NGOなどの一部には、現地行政とタイアップするのを嫌悪する傾向があるのは残念なことである。

信頼関係が構築できなければ、もとよりいい修復はできないが、役割や権限を一人に集中させない工夫も当然必要である。協力やアドバイスといっても、正論一本槍では難しい局面もあり、ある意味で「清濁合わせ飲む」くらいの気概を持って、妥協することも覚えないと、彼の地ではいい結果は望めない。

それにこうした歴史的に価値のある建物は、世界遺産などに指定されたりして、修復を受け入れる側にとっても当然、経済的効果をもたらす。地域の活性化や、ひいては外貨の獲得といった極めて現実的な問題と表裏一体になっている。滞在中にも欧米人観光客に交じって、ガイドブック片手の日本人に話しかけられたこともあったが、現地では県知事をはじめ、郡長や村長も観光化に色気たっぷりである。「近代化」や「開発」といった発展途上国における大命題と、「保存」という一見大命題に逆行するような話を、なんとか妥協点を見つけて納めていくのは、至難の技なのである。

実際、地元経営の店はロスメン（民宿）や簡単なみやげ物屋だけで、トラジャに建設中のホテルなど観光施設の多くは、ジャカルタの大手資本がスポンサーである。ここでも前述したプラムディア・アナンタ・トゥールの『人間の大地』にも出てくる軍閥《ぐんばつ》や華僑《かきよう》資本を頂点としたインドネシア社会の権力構造が、見え隠れしている。

このようなことから、トラジャでは識者を中心に、「トラジャを第二のボロブドール（ジャワ島中部にある八〜九世紀の大乗仏教遺跡）にするな」との声もある。ボロブドールで見られるように、観光地化の推進は諸刃《もろは》の剣《つるぎ》である。道路などのインフラ面は充実するが、建物・伝統工芸・風俗習慣などは「見世物」化せざるを得ない。事実、現地で休みの日には一日五万ルピアのバイクを借りて、ケテケス、ロンダ、レモといった村々を少し回ったが、村の入口にはみやげ物屋がずらりと並び、入村料としてちゃっかりと三〇〇〇～五〇〇〇ルピアは徴収される。なかには警官までが外国人とみると必要もないのにストップをかけて、「小遣い稼ぎ」をする不届きな例もあるという。

歴史的建造物の保存と修復は長期にわたるプロジェクトであり、忍耐が要求される作業でもある。たしかに外貨獲得の手段に使われるのは「観光資本主義」を手助けしているだけではないのか、という議論もある。しかし、ただひとつだけ確かなことは、一度失ったものはもう二度と戻ってこないということである。

文化財の森を育てる

国有林開放までの道程

国有林はわが国の森林面積約二六〇〇万ヘクタールの三割を占める。昭和二二年の林野行政の統一以来、木材生産を主体とした経営がなされていた。しかし、今や半世紀余りを経て、日本の森は公益性や環境を重視した新たな方針に、大きく転換しようとしている。

戦後の森林政策

戦後まもなくから現在まで、国有林野事業は木材の供給、森林の経営、林業の近代化に重要な役割を果たしながらも、一方では、高度成長時代といわれた昭和四〇年に入ると、「国有林」は3Kとして「国鉄」「コメ」とともに財政改革のターゲットのひとつと目され、その硬直的な体質が指弾されることも少なくなかった。構造的な問題があったとはいえ、誰もが責任をとらない退嬰《たいえい》的な考え方が瀰漫《びまん》するようになってしまったようだ。

たしかにこの国の森林と林業をめぐる情勢には予断を許さないものがあり、林業収入の減少や安い外国材の輸入増、林野事業の債務の累積など、危機的な状況に直面している。ただ、役所を悪者にして事足れりという見方はわかりやすくはあるが、それだけで何かが解決するのだろうか。

それだけでは事の本質を矮小化《わいしょうか》し、矛盾した点をトータルに展望することができなくなるのではないか、と筆者は考える。その視点にとどまる以上、林野行政の齟齬《そご》がどこに偏在するかを摑《つか》み取ることは難しいだろう。過度な悲観論とは少し距離を置いて、冷静に見つめ直す時期が来ているのではなかろうか。

――と、まあ、少々難しい理屈は述べたけれど、現実のほうは意外にも将来に希望が持てるような軽やかな動きを示し出している。行政関係者は施策のこと、学者は学問のこと、そしてわれわれ職人は現場のことのみを考えていればいい時代は、どうやら終わろうとしているようである。

ひるがえって、伝統技術の社会も似たようなもので、誰もがわかっていたはずの構造的で深刻な問題を放置し、結果として先送りをしつづけたために困難な事態に立ち至ったことは、先にも述べたとおりである。戦後しばらくは、檜皮《ひわだ》を採取する原皮師《もとかわし》も多数いたが、その後、生活が豊かになってくると原皮師の離職者は増え、より安定した小綺麗な仕事が好まれて、流出が続いた。その結果、檜皮の供給が細って、国宝や重要文化財に指定されている社寺などの修復もままならないことになってしまった。

ところがこの事態を打開する「黒船」は、ほかならぬ林野庁であった。もちろん、私たち檜皮葺職人も行政関係者、社寺所有者などとともに、国有林における檜皮の採取許可を求めるべく、ねばり強い交渉を繰り返してはいたが、国有林におけるさまざまな制約から実現に至らない状況が長く続いていた。

全国調査

ところが、こういった八方塞《はっぽうふさ》がりの状況を一変させる朗報が、平成一二年春に林野庁からもたらされた。「国有林の檜《ひのき》の森からの檜皮採取を許可したい」というものである。今から考えれば兆候は前年からあった。平成一一年一〇月に、広島の厳島《いつくしま》神社（宮島）近くの国有林で林齢一〇二年生の檜を、林野庁の了解のもとに四本のみであったが試験的に採取しており、反応は悪くなかったからだ。

日本における檜の天然林の分布は、北は福島県から南は鹿児島県屋久島にまでわたっているが、地方別には中部・近畿・中国地方が主産地であり、檜皮もこれらの地方から大半が生産・供給されていた。林野庁には全国に七つの森林管理局があって、このうち檜皮の主産地を統括しているのが、「中部」と「近畿中国」の二つの森林管理局である。この二つの管理局がほぼ同時に動きをみせた。

「近畿中国」のほうは、ただちに哲学者の梅原猛氏を座長とする「世界文化遺産貢献の森林《もり》有識者懇談会」を立ち上げた。国有林の見分や、檜皮を使った実際の作業の見学会を職人団体と林野庁や文化庁が連携して何度も開催した。また、私たち職人と、各地の森林管理署の森林官たちが数人のチームを組んで、林野庁の膨大なデータからリストアップした国有林を、しらみ潰《つぶ》しに調査した。

身の軽い若手の森林官たちともすぐ仲良くなり、多くの森を訪ねるのは楽しいひとときだった。こうして手分けして、京都・奈良・広島など世界遺産のある県をはじめ、檜の森のデータが市町村単位で出揃った。たとえば一七の社寺が「古都京都の文化財」としてユネスコに登録されている京都市の場合は次のようだ。

市内の歴史的風土保存地区にある国有林からリストアップされたのは、鞍馬山《くらま》（左京区）、松尾山（西京区）、高台寺山（東山区）、衣笠山（北区）、朝倉山（右京区）など一五ヵ所で、約五二〇ヘクタールが対象となる。それぞれの森の特徴や過去の施業を踏まえて、「檜皮の森林《もり》」「文化財用材の森林」「風致の保全」「森林と文化財の学び」の四つのゾーンを設定した。

これらの地区では森林管理局とも協議のうえ、檜皮そのものの採取や原皮師の養成の場を確保するため、主に八〇年以上の檜皮を中心に、原則として主伐《しゅばつ》は見合わせ間伐《かんばつ》と枝打《えだう》ちのみとして、歩道なども整備する。さらに地元の京都府・市などとも連携して、文化財と森のかかわりを普及PRしようという方針が決められている。

開放のためのルール作り

一方、「中部」の森林管理局管内では、国有林開放のための一定のルール作りが行われた結果、木曾谷一帯を統括する木曾森林管理署管内の国有林（三一・四一㌶）ですでに採取がはじまっている。場所は長野と岐阜の県境近くにあり、付近には妻籠《つまご》宿《じゅく》や馬籠《まごめ》宿《じゅく》といった古い宿場町もある南木曾《なぎそ》町から山口村にかけての地域である。現在（二〇〇四年一〇月）は南木曾支署内の賤母《しずも》地区の国有林に、のべ数十人の若手原皮師が泊まり込んで入山し活動中だ。

今回のルールで檜皮採取の対象とするのは、林齢八〇～九二年生の人工林で、胸高《むなだか》直径が三五～四〇㌢程度のものである。今回は人工林のものに限るということで作業をしているが、木曾谷の天然林には樹齢三〇〇年以上のものもある。三〇〇年以上ともなるとベテランでも手が回りきらず、危険と背中合わせの作業となる（図25）。

現在、一㌶に一一〇〇本の檜があるというから、三一㌶余りだと三万五〇〇〇本弱の檜があると思われる。天然林が一時的に人の手が入りつつも、原則的には自然更新によって自然林（二次林）を保っているのに対して、人工林は苗木を植えるための山の整備から、植林・下草刈《したくさがり》・間伐・枝打ちなどに人の手を加えて、育成管理している森を指す。

事前に檜皮採取計画書を策定して、完了後は業務日誌や採取簿を林野庁や文化庁に提出するなどの、細かいルールを十分に検討しており、役所との意志疎通のハイウェイが整いつつある。三〇歳の頃からこの件で試行錯誤してきた立場からすると、これまでの二〇年がデコボコの畦道《あぜみち》だっただけに、ここにきての進展ぶりには隔世の感がする。

木曾谷の檜は、椹《さわら》、鼠子《ねずこ》、明日檜《あすなろ》、高野槙《こうやまき》とともに、木曾五木と呼ばれて保護されてきたが、隣の伊那谷では諸藩入り乱れて統一した保護政策ができずに、乱伐されてしまった。よく檜の人工林は、杉や広葉樹に比べ浸食土砂量が多く、残った土も養分含有率が低いといわれる。それだけに土壌浸食を防ぎながらの育成管理は難しいといえる。

図25　木曾国有林における檜皮剥きの作業

普通は山の麓には杉の木が多いものだが、ここでは人工林ということもあってか、沢や谷沿いの水辺からいきなり檜の森になっている所も多い。谷沿いには花崗岩《かこうがん》や流紋岩《りゅうもんがん》がいくつも剝《む》き出しになって清流に洗われているが、これらの崩れた土質が檜の生育にもいいのだろう。

木曾の国有林では、天然林の枯渇《こかつ》を見越して、それに替わる美林の育成を手がけているようだ。量の確保の面では、現在の林齢八〇～九〇年生の人工林八〇〇〇㌶を一五〇年生の檜に育てていく。そして、ちょうど天然林が底をつくといわれる六〇年後くらいで伐り出して、現在と同じ程度の年間三万五〇〇〇立方㍍の生産量を確保する計画である。国有林での檜皮の採取や大径木の確保は、この国の歴史的建造物の保存修復の隘路《あいろ》に、でっかいバイパスを開けようとしている。

大学演習林の研究

東大千葉演習林

この演習林は千葉県安房《あわ》郡小湊《こみなと》町天津《あまつ》にあり、東京から「特急わかしお」で太平洋岸の千葉県勝浦まで約一時間半。さらにＪＲ外房線で安房天津駅まで二〇分余りかかる。今までも北海道大学・京都大学・九州大学などの主要な演習林はほとんど踏査《とうさ》しているが、東京大学農学部附属千葉演習林は二度目になる。房総半島の南東部にあり、東京からの直線距離で一〇〇キロといった位置にある。

ところで大学の演習林というところは、一般にあまり馴染《なじ》みがない。教育上の位置づけでいうと、森林に関する学問や研究を行うための大型野外実験実施施設とでもいおうか。森林植物学・森林土壌学・森林土木学といった研究をはじめ、森林の持続的管理や、森林の再生産の実際的技術、さらに教育施設としての役目から各種知識や技術を提供、普及する場としての側面も持っている。

ちなみに東京大学は、北海道・秩父・富士など七つの地区に、約三万三〇〇〇ヘクタールの広大な演習林を持つが、そのうち千葉演習林は明治二七年（一八九四）に設立され、東大ではいちばん古い演習林である。面積は二二〇〇ヘクタールにも及び、暖帯林と中間温帯林に位置し、檜、杉、松などの主要材の育成技術と持続的森林施業に関する研究や試験を一〇〇年余りも実施してきた。

また、近年では檜などの大径木や檜皮の科学的研究といった伝統技術に関するテーマにも取り組んでもらっている。この演習林では数年前から樹齢八〇～九〇年生で同条件の檜を、一林班《りんぱん》（演習林内の区割）に二本一組で選抜し、一方は檜皮を剥《む》き他方は剥かないでおいて、その後の成育の違いを調べようという実験をはじめている。さらにこのうちの何組かを定期的に伐採して、成育に対する影響を実際に見ようというものである。

安房天津駅に着くと、演習林研究部長の山本博一教授（森林計画）らの出迎えを受ける。山本教授にはこれまでも各演習林などでお世話になっているが、久闊《きゅうかつ》を叙《じょ》する間もそこそこに、若い研究者の運転する車に乗り込んで演習林に向かう。途中、野生のニホンジカなどが檜の幼木を食べないようにと張られた防護ネットの横をすりぬけ、曲りくねった林道を進むとやや開けた所に出る。

すでにクレーン車などの作業車を含む何台もの車と、一〇人ほどの若い研究者が待機している。女性も含め全員がヘルメットに作業服を着て、腰には雑木などを払うための鉈《なた》、足元もふくらはぎまでをしっかりと地下足袋《じかたび》でかためる、といった伝統的な山仕事のスタイルである。

伐採と科学的研究

演習林は行政上は北部が君津市、南部が天津小湊町に属するが、清《きよ》澄山《すみやま》を分水嶺として南側が太平洋に、北側が東京湾に注いでいる。演習林内の人工林は檜林と杉林が中心であるが、檜は斜面の上のほうや尾根近くに、杉は中腹から沢近くの比較的低い所に植えられている。あらかじめ伐採予定木の周囲は雑木や下草が刈られて整備されているようである。作業の打ち合わせをしているかたわらでは、すでにチェーンソーが調整のために唸りをあげており、準備は万端なようである。

山仕事のベテランであっても、木の伐採には人一倍気を使う。山での事故は伐木や集材時に多いからだ。ただ最近は「ゼロ災運動」の徹底もあって、災害の発生も着実に減少しているようである。

伐木をする場合は、まず倒そうという方向を決めておいて、そちら側に受け口となる三角形の切り込みを入れる。次に反対側に回ってチェーンソーを使った伐木作業にとりかかる。倒す方向はあらかじめ経験から想定しているが、実際にこれを制御するのはベテラン

図26　スライス状にされた檜の円盤（東京大学千葉演習林）

でも苦労する。斜面などの伐採では、単純に伐《き》れば木は真下方向に倒れると思うのだが、それだと斜面を滑って暴走したり、他の立木に引っかかったり（「かかり木」という）する恐れがある。それに伐採後の木の搬出を考えると、倒す方向は慎重に考えなくてはならない。

そして、伐り口が開いたあとは樫《かし》の木でできた楔《くさび》を打ち込んだり、チルホールと呼ばれるウインチとワイヤーでできた巻き上げ機を使って倒す方向を調整する。最後はツルと呼ばれるわずかにつながった部分を残して、最終的に倒す方向を決める。「バリバリバリバリ」という轟音とともに、まわりの木々の枝を払いながら倒れた檜は、ただちにスタッフによって長さや、根元から樹冠までの一メートルごとの直径などが採寸され、それらは野帳《やちょう》に書き留められていく。

そのうえで、あらかじめ決められた長さにチェーンソーで手際よく切られ、さらにその一部が厚み三〜四センチの円盤状にスライスされていく（図26）。このかたちだと年輪がはっきり見えて、その経年変化が詳細にわかるだけでなく持ち運びにも便利だからである。この研究の主眼は、檜皮の定期的な採取が檜の木自体にどのような影響を与えているのか、いないのかということにある。

たとえば、一〇年周期で檜皮を剥いだ年の年輪になんらかの変化があれば、それなりの影響があったということなのだろうが、現場で目測した範囲では目立った変化は見られなかった。これらの木盤にはすべて番号や直径、北の方向などが書き込まれ、大学の研究室に持ち帰って詳しい科学的研究がなされるが、その結果が出るのはもう少し先になると思われる。なにせこの計画は一〇年と長期ではあるが、檜皮葺の歴史は一三〇〇年ともいわれており、一〇年というのはほんの一瞬のまばたきのような時間なのだから。

鎮守の森について

身近な祭の場

昔から私たち檜皮葺師《ひわだぶきし》・杮葺師《こけらぶきし》は、四季の移ろいと密接な関係があった。自然の輪廻《りんね》に寄り添い、その恵みを押しいただくことによって生活を成り立たせてきた。運搬手段が現代のように発達していなかった頃は、原料は現地調達が基本であり、同時にそれが入手が簡単で安くあがり、修理の際も楽だったからだ。ただ、手近に原材料があるからといって、いつ採取してもいいというものではない。素材の採取については檜皮のみならず、杮板や竹釘などの材料にしても最適の時期というものがあり、それ以外は素材として不適格である。森の決まりというのは昔からそういうものであった。

ところで、ここにきて鎮守《ちんじゅ》の森が身近な癒《いや》しの場所として、見直されている。全国各地に残っている鎮守の森は、昔から地域のコミュニティの核として存在した。つまり民間信仰の場として受け継がれてきたものが多かったということである。これらが現代社会の真っ只中に、かなりの数で残されてきたというのは、他の国にもあまり例がない。

しかし、最近では森を守る氏子《うじこ》その他がいなくなり、土地区画の整理などもあって減りつつあるのが現状である。鎮守の森の受難は近代にもあった。明治三九年（一九〇六）に政府が国家神道による統廃合を行った際、神社合併によって明治三九年以前に一九万あった神社が、四四年には一一万社と、五年間に八万社も減った例がある。

当然ながら鎮守の森も激減したが、この時は民俗学者であり動植物学者でもあった南方《みなかた》熊楠《くまぐす》らが反対の論陣を張ったため、彼の意見が反映され大正九年（一九二〇）には「神社合併無益」が衆議院で決議され、なんとか地域のランドマークとしての鎮守の森が守られた経緯もあった。

「鎮守」という以上、狭義には神社の森ということかも知れないが、ここでは寺院の森も含め、身近にあって悠久の生命を宿す祈りの森を取り上げて、そこでの資材確保を考える。

そもそも鎮守の森といっても、その発生から考えると山や森をご神体としたものもみられ、たとえば奈良の三輪山の麓にある大神《おおみわ》神社などには拝殿があるだけで、拝殿を通してご神体である三輪山を拝むという形式をとっている。この形式は信州の諏訪神社の上社なども同様で、神社は古代から神祀《まつ》りの場であり、「神社」や「社」を「もり」と詠んだ万葉の歌も多い。

次の一首は『万葉集』巻四の五六一に見られるものだが、

念《おも》はぬを思ふといはば大野《おほぬ》なる三笠の社《もり》の神し知らせむ

と詠んで、神のおわします山域といったイメージで使われていた。三笠山といえば奈良の東に位置する笠を伏せたような形の山で、春日山の西の峰にあって今でも原生林に覆われている。稲作が伝来してのち、生活様式も狩猟採取から定住耕作に変化し、神を迎える祭祀の場も変わってきた。最初は独立峰や巨岩といったものが崇められ、それは森や巨樹といった身近な対象物に変わり、最終的には社《もり》は社《やしろ》に転化したものらしい。

境内の樹木の中でもひときわ大きく、幹がまっすぐな木を選んで、神木として崇めるようになったのも、巨樹巨木をご神体とした古代のなごりであろう。神が宿るとされた社《もり》は鎮守の森が一種の結界《けっかい》となって、俗界とは区別されていった。

社叢林の営み

このように日本の歴史と文化の基層につながって生きてきた社寺林は、聖域を守り、多くの動物や昆虫をその内部に棲息させてきた。ある時は畏《おそ》れと慎《つつ》しみをもって崇められ、またある時は初詣や春秋の大祭、能や村芝居の上演など村人たちの社交の場、また子供たちの遊び場としてなくてはならない場となってきた。最近では子供たちの野外学習や体験学習の場となっており、私たち職人も社寺修復の際は頼まれて「総合学習」の講師をする機会も増えた（図27）。これらの意味において、鎮守の森は社寺を核とした集落のシンボル的存在だったといえよう。

図27　鎮守の森の体験学習で屋根を葺く小学生たち

社叢林《しゃそうりん》の研究で知られる上田篤教授によると、全国の鎮守の森は戦前には一五万ヵ所はあったとされ、戦後にずいぶん減ったといわれる現在においても、一〇万ヵ所あまりはあるという。実際、街中にあっても鬱蒼《うっそう》とした社寺林の中に入ると、周囲の喧騒もほとんど聞こえない。特に都会においては、さながら砂漠のオアシスのようであり、緑の島とも緑の回廊とも見える。

また、これらの社寺林は檜皮葺や柿葺の職人にとっても、貴重な屋根葺材料の供給地でもあった。昔から多くの檜皮葺や柿葺などの建造物を持っていた社寺は、鎮守の森や檜山などのかたちで葺材などを自給自足する体制が整っていた。現代のような運搬手段もない時代に定期的に屋根の葺き替えをしようと思えば、社寺の境内林《けいだいりん》や近郷近在の森などから集めるしか手段はなかったものと思われる。

檜皮葺・杮葺といった分野では、早い段階から請負といった契約形態があった反面、出職として得意先の社寺などに出向いて、境内林から直接材料となる檜皮や板材などを採取することで、手間取りのような雇用形態で修復したことも多かったようである。

境内林に檜や杉などの針葉樹や、樫《かし》・椎《しい》・樟《くす》などの常緑樹が多いのも昔の人々の知恵である。耐陰性のある檜や杉などを修復用の用材として、樫などの常緑樹が整備された鎮守の森を演出する。もともと自然の状態では、針葉樹は広葉樹のすき間にひっそりと生育していたと思われる。というのも針葉樹は広葉樹と比べ、樹木としての競争力がやや劣っているため、人間が手助けしてやらないと今のようなかたちにはならなかった。檜や杉は昔から建築用の良材として知られ、意図的な造林を繰り返した結果、現代のような社寺林ができた。

多くの檜皮葺の建物を持つ社寺では、過去数百年から千数百年にわたって、檜皮の採取が続けられることでその伽藍《がらん》を維持してきた。その意味でも昨今、一部の社寺で檜を剝くことを嫌う風潮があることは、まことに残念なことである。

鎮守の森では、早朝には濃密な樹々の香りが一帯を包んでいるが、朝日が昇る頃になると未明まで滞留していた冷気が暖められて上昇をはじめる。はるかに高い梢《こずえ》は爽やかな風を呼び、樹々の枝葉は天然のフィルターとなって空気中のチリなどを浄化する。森の中を縫うように流れる小川も清々しいマイナスイオンを生み出している。

最初は扁平で広い翼を持ったかわいらしい種子や、蘖《ひこばえ》として古い切り株から再生したものもあるが、やがて若木となった檜などは樹冠の先がツンととがって円錐形になる。やがて大地に深く根を張り、大空に向けて真っ直ぐ伸びる幹。私たちが檜皮を採取するような樹齢一〇〇年以上の壮年木になると、永年の風雪に耐えて樹冠もやや丸くなっている。

木は動けない。芽生えた所で一生を過ごす。不自由だろうと思う。だからこそ自然の恵みを永きにわたって享受してきた先達《せんだつ》の思いと暮らしを追憶し、この営みを次の一〇〇〇年に伝えたいと密かにおこがましくも考える。

あとがき

先年、作家の澤地久枝《さわちひさえ》さんが、沖縄の島々に残る昔ながらの紅型《びんがた》や紬《つむぎ》などの技法を研究するために、単身琉球大学に学士入学されて、その成果を書物に著されたと聞いた。ご自身の旅を「人生の休暇」と言われ、大学院の休みを生かして離島を丁寧に回っておられる様子は、楽しそうでもあり頼もしくもあった。

「そうか、その手があるか」――私の中にそんな内的衝動が生まれ、いつしか外までも溢《あふ》れるようになってきた。これまでも仕事の合間をみつけると、「植物性屋根の技術発展や、海からの伝播と来歴を明らかにするため」と称して、南方の島々には何度となく足を運んでいた。

また、市民運動をしていたころから親しかった鶴見良行さん（元龍谷大学教授、一九二六～一九九四年）の『ナマコの眼』、『海辺の社会史』、『マラッカ物語』といった一連の「南方もの」に心を惹《ひ》かれていた私は、鹿児島県の甑島《こしきじま》列島を起点に、奄美大島の今井浜、沖縄の慶良間《けらま》列島、石垣島、宮古島を初めとした先島《さきしま》諸島、さらに台湾からフィリピン、インドネシアと連なる島嶼《とうしょ》群を回った。

しかし、仕事の間隙《かんげき》を縫っての駆け足のフィールドワークは、問題意識の醸成には役立ったが、一方では十分な調査ができないフラストレーションも溜まっていった。

私も、もう五十路に突入して数年が経つ。何年か前までの私の職人としての生命力は、外界のそれよりも濃く、私の外部にも滲出《しんしゅつ》して他人にそれなりの影響を与えていた。ところが病気をしたりすると、それをきっかけに、逆に外の世界から私の内部に浸透《しんとう》してくる力の方が強くなってきたと感じることが多くなってきた。なにげない草花や樹木までもが、昨年よりきれいでいとおしく思えるということは、浸透圧の原理でこちらの生命力が弱くなったか、感性が鋭くなっているからだろう。今ここでやりたいことをしておかないと、きっと悔いが残る。すべての時間を自分の権能下に置きたいという願望はますます強くなってきた。

かくして「島伝いの屋根歴訪」はまもなく再スタートする予定である。「見たものしか書かない」というのも狭《きょう》量《りょう》な気がするし、「調べれば書ける」というのはもっと嫌だ。この種の調査活動での職人の強みというのは、京都御所の宮殿から白川郷の合掌集落、バナウェ（フィリピン・ルソン島）の棚田に作られた簡単な小屋や、バタック（インドネシア・

スマトラ島）の伝統家屋に至るまで、およそ植物性の屋根材を使ったものなら、一瞥《いちべつ》しただけで材料や工法、建築構造までがほぼわかることである。

　南の島々の屋根は実用向きでないことも多く、居住空間の広さといった統計的手法ではおさまり切れない「はみ出し」部分も多い。むしろそちらにこそ、通風や採光、さらには虫や動物よけなども含めて、人々の智恵や本当の豊かさがかいま見える。

　島での現地踏査は野良仕事に似て、根気よく同じ作業を続けないとよい収穫は望めない。海のものとも山のものともわからないものを調べていくうちに、解決の糸口がじわっとわかってくる場合や、地元の人たちと話しをしているうちに打たれたように突然啓示を受けることもある。

　世界中の多くの屋根を見たり修復してきた立場からいえば、好ましい屋根などというものが本当にあるとしたら、どれだけお金をかけてきたかということよりも、特定の地域社会でまわりの環境との調和から歴史的に長く維持されてきたものの中に真実があり、それがどのようなかたちで空間に照射されてきたかによる。

　インド洋から南シナ海、東シナ海を越え、日本に至る海のシルクロードを迷走し、技術の風はどのように島伝いに伝播していったのか。また、風が当たらなかった停滞の場所を今一度検証することで、新たな価値観を注入してどのように甦らせることができるか、今からわくわくしている。

今回、私に執筆の機会を与えて下さった吉川弘文館の一寸木紀夫さんと永田伸さんには、一番はじめにこの結果をお知らせしたいと思っている。

なお、今回本書をまとめるにあたり、筆者の屋根職人としての経験をテーマ別に記述することを心がけた。屋根について系統的、通史的に理解したいという読者には『屋根の日本史』（中公新書、二〇〇四年十二月）を合わせてお読みいただければ幸いである。

二〇〇四年十二月

原田 多加司

著者紹介

一九五一年、滋賀県に生まれる
一九七四年、大学卒業後、地方銀行勤務を経て
一九八二年、家業の檜皮葺・柿葺師（創業一七七一年）の一〇代目・原田真光を襲名
社団法人全国社寺等屋根工事技術保存会副会長などを歴任

主要著書
近世屋根職の研究　檜皮葺と柿葺　檜皮葺職人せんとや生まれけん　屋根（ものと人間の文化史）　屋根の日本史

歴史文化ライブラリー
186

古建築修復に生きる
屋根職人の世界

二〇〇五年（平成十七）三月一日　第一刷発行

著　者　原《はら》田《だ》多《た》加《か》司《し》

発行者　林　英男

発行所　株式会社 吉川弘文館
東京都文京区本郷七丁目二番八号
郵便番号一一三―〇〇三三
電話〇三―三八一三―九一五一〈代表〉
振替口座〇〇一〇〇―五―二四四
http://www.yoshikawa-k.co.jp/

印刷＝株式会社 平文社
製本＝ナショナル製本協同組合
装幀＝山崎　登

歴史文化ライブラリー

1996.10

刊行のことば

現今の日本および国際社会は、さまざまな面で大変動の時代を迎えておりますが、近づきつつある二十一世紀は人類史の到達点として、物質的な繁栄のみならず文化や自然・社会環境を謳歌できる平和な社会でなければなりません。しかしながら高度成長・技術革新にともなう急激な変貌は「自己本位な刹那主義」の風潮を生みだし、先人が築いてきた歴史や文化に学ぶ余裕もなく、いまだ明るい人類の将来が展望できていないようにも見えます。

このような状況を踏まえ、よりよい二十一世紀社会を築くために、人類誕生から現在に至る「人類の遺産・教訓」としてのあらゆる分野の歴史と文化を「歴史文化ライブラリー」として刊行することといたしました。

小社は、安政四年（一八五七）の創業以来、一貫して歴史学を中心とした専門出版社として書籍を刊行しつづけてまいりました。その経験を生かし、学問成果にもとづいた本叢書を刊行し社会的要請に応えて行きたいと考えております。

現代は、マスメディアが発達した高度情報化社会といわれますが、私どもはあくまでも活字を主体とした出版こそ、ものの本質を考える基礎と信じ、本叢書をとおして社会に訴えてまいりたいと思います。これから生まれでる一冊一冊が、それぞれの読者を知的冒険の旅へと誘い、希望に満ちた人類の未来を構築する糧となれば幸いです。

吉川弘文館

〈オンデマンド版〉
古建築修復に生きる
屋根職人の世界

歴史文化ライブラリー
186

2019年（令和元）9月1日　発行

著　者　原《はら》田《だ》多《た》加《か》司《し》
発行者　吉　川　道　郎
発行所　株式会社　吉川弘文館
〒113-0033　東京都文京区本郷7丁目2番8号
TEL　03-3813-9151〈代表〉
URL　http://www.yoshikawa-k.co.jp/

印刷・製本　大日本印刷株式会社
装　幀　清水良洋・宮崎萌美

原田多加司（1951～）

ISBN978-4-642-75586-3